宗教学关键词

（第一辑）

金 泽 主 编

袁朝晖 卓玲明 副主编

宗教心理学

梁恒豪 著

商务印书馆
创于1897 The Commercial Press

国家社会科学基金重大项目“宗教学理论的基本范畴研究”（22&ZD254）系列成果

宗教学关键词
总　序

宗教学研究在人文社科领域中属于跨学科的一个领域。来自不同学科的诸多学者在这一领域辛勤耕耘多年：宗教史领域的各个宗教史、教派史、地域宗教史、各国宗教史、通史、断代史、专题史的研究成果累累；宗教学理论则在其发展进程中形成了宗教社会学、宗教人类学、宗教心理学、宗教生态学、宗教与哲学、宗教与政治、宗教与艺术、宗教与科学等诸多分支学科，无论是国际还是国内的研究成果，都不断地推陈出新。相对于宗教史方面的研究成果和已经具有相当规模的现状调研和政策分析，对宗教学基本理论的建构性研究，无论是成果总量还是从业的专家学者数量都明显偏少。为此，在国家社科基金重大项目“宗教学理论建设的基本范畴研究”框架下，我们推出“宗教学关键词”研究系列，意在为进一步推动宗教学理论的发展提供平台，使中国的马克思主义宗教学理论研究形成具有中国特色的理论体系，同时吸引更多的学者（特别是中青年学者）关注和投身宗教学基本理论研究。

目前，国内外关于宗教的各类词典已有不少，或是全域性的或专门针对某个宗教，体量不等，大多词条少约百字多则千字计。如，1985 年伊利亚德主编了英文版《宗教大百科全书》，涵盖面很广，多数词条字数较少，虽有少数词条字数较多，但多是某一宗教或宗派的介绍。“宗教学关键词”研究系列并非一般的词典或百科全书式编纂，而是系统性的专题研究，无论是从体量上还是从性质上来说都属于学术研究与探讨。探讨的每个关键词都是宗教学理论的一个基本范畴。这种探讨的基础是相关学术史的发展历程和积累，同时也具有面向当代的问题意识。是对传统的“继往”，更是为学科的“开来”。

“宗教学关键词”研究系列体现三个特征：一是继承性、民族性；二是原创性、时代性；三是系统性、专业性。宗教学理论产生于西方，而我们的目标是形成以马克思主义宗教观为指导、立足于中国社会、体现中国各宗教历史发展和互动特色、系统化的宗教学理论，因此这个研究系列“既要立足本国实际，又要开门搞研究”：它的立场和方法是马克思主义的，它的情怀是中国的，它的眼界是世界的。

首先，马克思主义、马克思主义宗教观、马克思主义宗教学理论，三者虽有侧重点与关注面的不同，在人类认识自然与社会的整个知识体系中的位置和功能也不相同，却具有内在的贯通性。这种贯通性主要体现在马克思主义宗教学理论是以马克思主义作为它最根本的立场、观点和方法。无论面对大千世界的何种宗教现象，无论面对古往今来的何种关于宗教的理论学说，马克思主义宗教学理论都运用马克思主义的基本立场、观点和方法加以分析、定位和扬弃。而马克思主义的基本立场、观点和方法，最主要的就是历史唯物主义和辩证唯物主义。马克思主义宗教观主要是马克思、恩格斯、列宁等人在运用历史唯物主义和辩证唯物主义分析、阐释宗教现象、宗教形态、宗教学说和宗教运动的过程中，提出的一些基本论断和观点。今天，当我们面对千姿百态、复杂纷纭的宗教现象与学说时，特别是遇到与马克思、恩格斯、列宁他们得出那些具体论断所依据的生活时空不同的时空场景时，我们要像马克思他们那样，运用历史唯物主义和辩证唯物主义对当下的宗教问题做出与时俱进的分析和判断。

其次，作为生活在中国这块土地上的21世纪的中国人来构建马克思主义宗教学理论，我们与马克思、恩格斯、列宁他们生活的时代不同、国度不同，面对的问题也有差异，我们有中国的文化传统和背景，我们经历了与西欧和俄国不一样的现代化进程，我们国家处理国内国际问题的历史经历和经验也与当代的其他国家有所不同，所以我们是带着中国情怀建构中国马克思主义宗教学理论体系的。所谓中国情怀，我理解至少有三重含义。第一，中国情怀基于我们有着悠久的人文主义传统。这个人文主义传统内容非常丰富，在中国复杂的宗教信仰丛林中，有一条主线贯穿其中，这就是和宗法制度紧密结合的“祖先崇拜”“天命崇拜”和“圣贤崇拜”，这条主线影响了世世代代中国人生活的方方面面，更使中国人的宗教意识独具一格。第二，中国情怀在于中国有着特殊的有关宗教的历史经验。在中国历史上，尽管各种宗教层出不穷，儒家学说宗教化倾向日趋明显，有的地区也确实出现过程度不同、时间长短不一的政教合一政权，但从全国政权的性质观察，始终是世俗的王权居统治地位。宗教不仅根本就没有实现过大一统，而且大多数处于“助王政之禁律，益仁智之善性”的辅佐地位。中国宗教的演进，绝大多数是以和平方式进行的，未经突变的革命，更没有对旧宗教的彻底荡涤；各宗教互相渗透，在分化中有融合，在演进中有积淀。第三，中国情怀还源于近现代中国社会的巨变，中国人争取民族独立和社会民主的奋斗历程，世界战争、政治、经济、宗教的格局演变及其对中国诸宗教的影响，特别是中国共产党建党百年来处理宗教问题的实践经验，使近现代中国人不仅有历史传统的影响积淀，而且在大起大落的风云变幻中对宗教的社会历史作用有了切身的体验和感受。

最后，人类对自然和社会的认知是个不断探索、大浪淘沙的过程，而认知的获得一是来自人类追求真理过程中的实践和实验，二是来自与前人和同时代人认知成果的对话。它们包括马克思主义基本原理、马克思主义中国化的成果及其文化形态、中华优秀传统文化，以及世界上所有国家哲学社会科学研究取得的积极成果。正如毛泽东所说，“我们的态度是批判地接受我们自己的历史遗产和外国的思想。我们既反对盲目接受任何思想也反对盲目抵制任何思想。我们中国人必须用我们自己的头脑进行思考，并决定什么东西能在我们自己的土壤里生长起来”。与各种实践实验成果和认知成果的互动，既是吸纳，也是扬弃，既有批判，也有创新。只有在此基础上，才能实现在建构中国马克思主义宗教学理论体系中树立学术的主体性的目标。

中国马克思主义宗教学理论体系的建设任重道远，只要我们秉持的立场方法是马克思主义的，情怀是中国的，眼界是世界的，就能行稳致远。

“宗教学关键词”研究系列意在突出以下特点：一是在充分吸收、体现和反思国际宗教学界的相关研究成果的基础上，做出对各个范畴的系统性梳理与研究，同时也体现出国内学界对这些范畴的研究状况等。二是凸显问题意识，对已有的相关成果，不论是中国的还是外国的，都要带有批判的眼光，在发现问题、提出问题和解决问题的过程中推进理论的发展或提升。三是注意吸收中国经验，将中国历史文献与当前田野调研中的宗教现象、现状同现有的宗教学理论相对照，探寻新的理论生长点。四是引介一些范畴的新研究成果，虽然它们可能会略显不成熟或令人一时不好接受，但为我们提供了可以借鉴和带来启发的认识工具和分析工具。

为此，每个范畴的成果体量平均为七万字，包含的内容主要有:（1）这个范畴的起源、发展的学术历程;（2）这个范畴的基本内容;（3）与这个范畴相关的代表人物、学派及其主要观点;（4）这个范畴与相关学科或分支的基本关系和作用等;（5）这个范畴在中国的研究脉络；（6）这个范畴的进一步开拓点；（7）与此范畴相关的重要的中外参考文献。

“宗教学关键词”研究系列的出版，要感谢商务印书馆的大力支持。研究系列计划以“辑”为出版单位，每辑涵盖七个基本范畴，成熟一辑出版一辑。这一系列研究将出自众学者之手，既是大家对这一研究发展方向的认可，也是每位参与人为宗教学研究添砖加瓦的成果。若真能达到预想的学术建设和积累目标，不仅中国宗教学理论将自身具有一个更加坚实的理论基础和平台，而且对于培养学术新兵，对于在社会上普及宗教学常识，对于宗教学理论创新，也都会大有助益。

目　录

第一章
宗教及其心理学理解

第一节　宗教的定义

“宗教”一词起源于拉丁词语*religio*，在希腊罗马出现宗教现象之前的一段时间里，它指代一种外在于人的、存在于某种客观事物或仪式之中的力量，强迫着人们采取某种行为，以及人在面对这种力量时的内在情感和恪守遵行某一特定仪式的行为，包括誓约、家庭礼仪、崇拜习俗、禁忌等。

从西方宗教发展史的角度，“宗教”这一术语经历了一个具体化的过程，从关注个体的信仰生活，转向考虑一种组织化体系，将作为实体的每一种宗教概念化的过程。而在此过程中，考虑到跨文化和文化特殊性的因素，宗教定义问题上的困惑、分歧甚至反复是不可避免的。

宗教最原始之意义是指对超自然事物之敬畏、不安等感情，而后则有成为感情对象的超自然之事物，以及成为感情外在表现的礼仪等含义，进而指团体性与组织性之信仰、教义、礼仪之体系。

中国学者普遍认为，当今人们使用的“宗教”一词源自西方，译名从日本传入中国。而由于翻译和认知习惯上的因素，“宗教”这个名词翻译成汉语之后，其原来的意义大大缩小了。一提到“宗教”，中国人就习惯性地认为它是有形式的组织，只是一部分人所专有的东西，例如佛教、道教、基督教、伊斯兰教等。

与中国人对宗教的认知习惯相一致，中国学者的宗教概念内涵确切，外延相对较小。最有代表性的是吕大吉先生的宗教四要素说，他认为宗教是把支配人们日常生活的异己力量幻想地反映为超人间、超自然力量的一种社会意识，以及因此而对之表示信仰和崇拜的行为，是综合这种意识和行为并使之规范化的社会文化体系。其中，他提到宗教四要素为：宗教的观念或思想、宗教的感情或体验、宗教的行为或活动，以及宗教的组织和制度。他认为，宗教是四个基本要素的综合，宗教作为一个整体，就是这四大要素如此结构组合而成的社会文化体系。[①]有此四要素结构组合起来，就有了宗教体系，缺乏其中任何一个要素都不成其为完整的宗教。因此，道教、佛教、基督教、天主教、伊斯兰教这些中国官方认可的五大宗教符合这一宗教的定义，而现行宗教政策又反过来强化了学者对这一概念的接受度。

总之，从宗教的中西处境及学术研究的对比来看，由于历史传统、思维方式等方面的差异，加之人们对宗教现象的认识也会随宗教社会处境的变化而变化，因此，给宗教下一个普遍适用的定义绝非易事。

第二节　个人的宗教:“精神性”[②]

20世纪60年代以来，在西方宗教学和心理学研究中，精神性（spirituality）[③]这一术语的使用频率急剧增长，它反映了西欧的社会变迁及其影响下宗教的发

① 吕大吉:《宗教学通论新编》，中国社会科学出版社2010年版，第61—69页。

② 本节前半部分主要参考本人已发表的论文，参见梁恒豪:《西方精神性概念的发展、应用及与中国处境的关联》，《世界宗教研究》2015年第6期，第30—39页。

③ 国内不少学者将“spirituality”翻译为灵性，但似乎欠缺明确的定义，笔者根据自己的理解将其翻译为精神性，旨在从宗教心理学视角提出自己的操作性定义，同时明确自己所讨论问题的范畴。

展和演变。在西欧社会，周末去教堂的人越来越少，以至于很多富丽堂皇的教堂最终沦为景点，而信仰逐渐成为个人的事情。在过去，宗教既包含有组织的方面又囊括个人宗教方面，而现在逐渐把宗教只分配给有组织的方面，而精神性的概念逐渐被用来指代个人的方面。针对宗教和精神性的定义及其关系问题，西方学术界争论不断，众说纷纭，但笔者认为实质上这只是上述“宗教”定义两分法的延续。越来越多的学者将这两个术语并列起来，将之前的宗教心理学（psychology of religion）改称为宗教和精神性心理学（psychology of religion and spirituality）。

自20世纪80年代至今，“精神性”这一标签下的各种信仰形式越来越受欢迎，在以“宗教”为主题的研究文献中对精神性的提及已大幅增加，精神性在测量和规模发展方面，以及在心理学中受到越来越多的关注。这些变化是在传统宗教机构衰落，信仰表达方式趋于个性化，从强调信条转向直接经验神圣，以及美国宗教多元文化的背景下发生的。

对精神性的关注在西方社会发生剧变的情况下应势而生，其内涵也随着社会处境的变迁在变化，但根据其发展趋势以及学者对它的定义来看，它可能具有以下几个特征：

（一）其核心特征是与超越性或神圣性的认知和追求相关，并非普遍意义上的信仰。霍福德和巴克林指出：“精神性指精神（复数形式）的领域：上帝和诸神、灵魂、天使、神灵、魔鬼——其他无形不可见事物的形而上外延……”①

（二）其明显特征是“信仰而不归属”②，即非制度化或去制度化。霍林斯指出，“信仰而不归属”在某种程度上反映了西方社会从普遍的信仰和共同的崇拜及相关的仪式到多元信仰、多元文化和世俗化处境中的个人选择的转变。③

（三）信仰成为个人的事情，核心诉求是追求个体内在超越及与神圣的直接联系。

（四）有学者将其归于一种人格特质，它属于那些有超越性、神圣性追求的人，可以是信徒也可以是普通大众。④

（五）其实现进路是追求信仰自由和多样化整合。

---

① Hufford, D.J. and M. A. Bucklin, “The spirit of Spiritual Healing in the United States”, ed. J.D. Koss-Chioino and P. Hefner, *Spiritual transformation and healing*, Lonham: AltaMira Press, 2006, p.29.

② 这里的归属就是制度归属，需要与心理上的归属相区分。

③ Hollins, S., “Spirituality and Religion: Exploring the Relationship”, *Nursing Management*, 2005, Vol. 12, No. 6, pp.22–26.

④ Hay, D., “The spirituality of adults in Britain: recent research”, *Scottish Journal of Healthcare Chaplaincy*, 2002, Vol. 5, No. 1, pp.4–10.

有部分学者认为宗教导致分裂，精神性走向整合。

精神性是在西方经济和社会演变过程中宗教及文化发展的个人化转向的产物。在中国，精神性特征植根于我们的宗教和文化传统，是中国人宗教信仰的气质。诚然，西方的概念不一定适应中国的处境，但通过上述概念限定，它可以用来阐释中国的宗教、文化现象，在此基础上可以与西方进行比较和对话，这在一定程度上也是西方概念中国化的体现。[①]

第三节　心理学家的宗教理解

追溯“心理学”（psychology）的词源，我们发现它是由psyche和logos这两个希腊语词根组成的。psyche的意思是灵魂，或者心灵；logos指知识，或者研究。从字面意思上来看，它是对于“灵魂”的研究。一般意义上，亚里士多德的《论灵魂》一书被认为是世界上第一本心理学专著，它是最早集中、系统、整体研讨人类的精神和心理现象的著作。古希腊的哲人普遍将心理-精神现象归因于“灵魂”，彼时的“心理

① 梁恒豪：《西方精神性概念的发展、应用及与中国处境的关联》，《世界宗教研究》2015年第6期。

学”是被涵括在哲学之内的。随后，“心理学”与哲学和宗教交织，先经历了古希腊文明、罗马帝国文明，又经过欧洲的中世纪、文艺复兴运动、启蒙运动，科学心理学的思潮才开始出现在西方近代史上。学界普遍认为，西方科学心理学创始于德国著名实验心理学家冯特1879年在莱比锡大学建立的第一家心理学实验室。自此开始，心理学正式成为一门能够脱离哲学、被承认了的独立学科。

宗教心理学特别强调宗教信仰者个人的心理活动在宗教生活中的意义，他们把信仰者个人主观的宗教感受和宗教体验视为宗教的本质。按照科学心理学的范畴，学者的研究主要集中在宗教认知、宗教情感、宗教行为、宗教人格等维度，主要从种族的或个体的角度出发，探讨宗教心理的形成，认为人或由于对客观世界的无知，或由于压力以及内心冲突，从而陷入恐惧、忧虑、绝望等状态，并产生对超自然力量的依赖感和满足希望的感情。关于宗教心理的本质，学者们论述内容繁多，不一而足，在此只能择要论述。

在对宗教本质的探究中，心理维度一直是思想家们十分关注的。拿比较典型的来说，伊壁鸠鲁反对灵魂不死，反对盲目信仰，他认为宗教产生于对神和死亡的恐惧，只有依靠智慧才能摆脱这种恐惧。[①]古罗马思想家卢克莱修提出“恐惧创造宗教”之说。[②]施莱尔马赫呼吁回归心灵（心理）来理解宗教，而不是通过信仰或仪式来思考宗教。他认为，那些能被观察到的、显露出来的东西不应被看作是宗教，而是它的一种不充分的、特殊的表现形式，强调宗教源自人们对“绝对依赖的感情”，而不是神对人的启示，主张从信仰者的内心出发来理解宗教。

科学心理学之父冯特认为，“不同的心理现象都可以分类，归属于观念、情绪和行为”[③]，他还特别指出，宗教情绪不仅是灵魂观念和神灵观念产生的源头，而且也是产生和推动崇拜活动的根本动力。[④]德国的奥托在《论神圣》中指出，一切宗教的本质是对神既敬畏又向往的感情交织，强调信仰者个人对神圣物的直觉性体验。英国学者麦奎利也认为宗教的本质是人与神的交际和感通，强调宗教信仰者个人对信仰对象的

---

① 陈杰:《西方思想史上关于宗教本质论述的几个阶段》,《宗教学研究》2003年第3期。

② 卓新平:《宗教理解》，社会科学文献出版社1999年版，第166页。

③ 吕大吉:《宗教学通论新编》，中国社会科学出版社1998年版，第7页。

④ 陆丽青:《冯特的宗教心理学思想研究》,《世界宗教研究》2008年第3期。

主观感受或宗教经验。威廉·詹姆斯从个人的宗教体验来研究宗教的性质和作用，把个人的宗教体验作为宗教的本质，强调个人的宗教比以神学信条和教会制度为基础的制度的宗教更为根本。[①]他认为宗教是个人在孤单时由于觉得自己与任何他认为神圣的对象保持关系所发生的感情、行为和经验。弗洛伊德把他的精神分析理论运用在对宗教的分析和理解上，认为人虚构了宗教，宗教是一种心理状态，一种感情矛盾，起源于童年时代潜意识冲动受到压抑的经验以及人们对现实愿望的渴望，是一种群众性的幻想，其本质上是虚幻的，整个宗教充满了欺骗，因为它仅仅是希望内容的客观化。[②]弗洛姆将专制的（authoritarian）宗教与人文的（humanistic）宗教进行比较，前者是人们为了获得更大力量而贬低自己，后者是上帝代表和赋予个人力量和自我实现能力。[③]奥尔波特将宗教进行了类型学意义上的区分，即内在（intrinsic）宗教与外在（extrinsic）宗教。内在宗教的信徒“活”在他或她

---

① 梁恒豪:《西方精神性概念的发展、应用及与中国处境的关联》,《世界宗教研究》2015年第6期。

② 陈杰:《西方思想史上关于宗教本质论述的几个阶段》,《宗教学研究》2003年第3期。

③ Fromm, E., *Psychoanalysis and Religion,* New Haven: Yale University Press, 1950.

的宗教中，并视信仰为其自身的终极价值。相比之下，外在宗教的信徒在严格的功利意义上“利用”宗教，以获得安全感、社会地位或达到其他世俗甚至反宗教的目的。[①]

总之，宗教的心理学理解涉及多个方面，包括宗教信仰形成和发展中的心理因素，宗教经验对认知、情感的影响，宗教信仰的功能及其对心理健康的影响等方面。宗教心理学重点致力于研究宗教作为一种心理现象的根源和本质，以及宗教对个体心理过程和行为的影响等。

---

① Allport, G. W., “The Religious Context of Prejudice”, *Journal for the Scientific Study of Religion*, 1966, Vol.5, No.3, pp.447–457.

第二章
学科发展简史

西方宗教心理学经过近150年的长足发展，已经逐渐走向成熟，但是近年来在关键概念、基本理论等方面也取得了不少新的进展，尤其是将宗教和精神性并举，为西方宗教心理学的发展打开了广阔的视野。

西方宗教心理学发展至今，已经拥有了相对完善的协会机构、一以贯之的发展理念、持续更新的成员机制和官方主办专业杂志的研究协会，而这样的专业协会是西方宗教心理学学科发展的支柱，某种程度上也是该学科发展成熟的标志。

第一节　欧洲发端及奠基

从冯特于1879年在莱比锡大学创立世界上第一个专门研究心理学的实验室算起，作为心理学分支学科的宗教心理学迄今已有近150年的历史。冯特之所以被认为是宗教心理学的创始人，还在于他的巨著《民族心理学：对语言、神话和习俗发展规律的探讨》(简称《民族心理学》)。[①]该书中专门论述了神话和宗教的相关问题，从心理学角度谈到了图腾崇拜、英雄崇拜、多神崇拜和人道宗教，从而也为宗教心理学研究和学科体系的建立奠定了基础。

在宗教心理学研究对象的问题上，冯特将其研究对象分为个体和民族两个层面，奠定了后来宗教心理学将其研究对象分为个体和社会两个层面的基础。他主张用实验心理学方法研究主体直接经验到的对宗教现象的感觉、感情、意志等心理过程，开创了宗教心理学的科学时代。但在他创作的巨著《民族心理学》[②]中，也非常强调文化传统的意义，他把“民族”解释为种族的某种共同体，从种族群体的意识发生系统对宗教心理现象进行了深入研究，旨在从民族心理学角度研究宗教意识的根源和特征。冯特还以进化论思想为指导，借用个体心理学已经取得的成果，对当时人类学、社会学、历史学的资料进行分析，对宗教的起源、发

---

① 参见〔德〕威廉·冯特：《民族宗教心理学纲要：人类心理发展简史》，陆丽青、刘瑶译，宗教文化出版社2008年版。

② 冯特学识渊博，又重视考察，在积累了大量资料的基础上，以20年的时间，完成了10卷《民族心理学》(*Folk Psychology*)这部真正的巨著。

展、本质以及宗教和文化的关系，做出了自己的回答。

冯特开辟了从民族文化角度探讨宗教心理的新途径，奠定了宗教心理学在基本理论方面的研究基础。但冯特没有把宗教心理作为独立的对象进行深入探讨，并且他有排斥个体实证研究的倾向，不利于宗教心理学学科的健康发展。

第二节　研究重心向美国转移

宗教心理学诞生于欧洲，但后来由于国际社会的发展和剧变，宗教心理学的研究重心转向美国，在那里诞生了很多宗教心理学的大师，来自欧洲的宗教心理学家也都赴美国讲学、交流。在此过程中，西方宗教心理学的研究立足于诠释现象学、实证自然主义和宗教整合的研究方法，尤其是以问卷调查为特色的实证自然主义方法一直占据主导地位，取得了长足的发展，这使得西方的宗教心理学逐渐走向成熟。它反映在研究问题的本质、调查主题的范围、研究方法的成熟、以数据为基础论证理论的精确性，还反映在宗教心理学的研究和其他心理学和应用领域研究之间的联系等方面。在我们的印象中，提到西方宗教心理学，似乎就是指美国的宗教心理学。

一、威廉·詹姆斯

威廉·詹姆斯，美国心理学之父。美国哲学家、心理学家、教育学家，实用主义的倡导者，美国机能主义心理学派创始人之一，也是美国最早的实验心理学家之一。1904年当选为美国心理学会主席，1906年当选为国家科学院院士。在宗教心理学方面，詹姆斯的研究甚至早于冯特，他不仅代表了美国现代宗教心理学个体经验研究的传统，而且代表着西方现代宗教心理学早期研究的主流与方向。[①]詹姆斯的名著《宗教经验之种种——人性之研究》[②]和《多元的宇宙》[③]集中反映了詹姆斯对宗教心理现象的关注和认知。

关于宗教的理解，他提出，宗教有个大分界，“在这个分界的一边是制度的宗教（institutional religion）；在另一边是个人的宗教（individual religion）。……我要说的，尽量限于个人的宗教部分”；[④]因为“每个教会

① 陈永胜：《现代西方宗教心理学理论流派》，人民出版社2010年版，第32页。

② 〔美〕威廉·詹姆士（William James）：《宗教经验之种种——人性之研究》，唐钺译，商务印书馆2002年版。

③ 〔美〕威廉·詹姆士：《多元的宇宙》，吴棠译，商务印书馆1999年版。

④ 〔美〕威廉·詹姆斯：《宗教经验之种种——人性之研究》，第27页。

的创立者的力量，其初都是由他们个人直接与神的感通（Communion）而来。……个人宗教也似乎还是最先起的东西”。[①]詹姆斯将宗教分为个人和制度层面的两分法为后来心理学家对宗教的认知奠定了基础，后来的杜威、弗洛姆、马斯洛等心理学家基本上都沿袭了这一两分法的认知。[②]詹姆斯更关注宗教的个人层面，认为个人内心与神相通的个人经验比制度的宗教更根本，更值得研究，这奠定了他个体经验宗教心理观的基础。

对个体宗教经验的研究，詹姆斯倾向于使用“个案比较法”，其精髓是将不同的个体或典型案例进行比较对照，旨在揭示信教者人格差异的特点和成因，最终为复杂个体的宗教经验提供解释和说明。例如，对于圣徒的特征之一“苦行”的考察，詹姆斯使用不同的个案将宗教圣徒的苦行归纳为“体质耐苦，厌恶舒服”“具有节制，爱好纯洁”“喜欢对神明奉献爱心”“含有很强的悲观情感”“具有强迫或固定观念”“把痛感刺激引为快意”六个层次，从而加以比较对照。他指出，有的圣徒可能属于多种层次的结合，

① 〔美〕威廉·詹姆斯：《宗教经验之种种——人性之研究》，第28页。

② 梁恒豪：《西方精神性概念的发展、应用及与中国处境的关联》，《世界宗教研究》2015年第6期。

例如在陈宁（W. Channing）的苦行[1]中，便包含着耐苦、爱纯洁和喜欢对神明奉献爱心等多种成分。在此基础上，詹姆斯力求通过个案比较促进研究方法的多样化，这是其心理学研究方法上的一贯主张，即运用内省、实验、比较等多样化方法对心理现象进行研究。

詹姆斯开创了从个体人格差异角度剖析宗教经验的独特之路，开辟了依据心理学原理指导信徒日常生活的应用之路，开拓了引领宗教心理学研究朝着多样化发展的探索之路。不过，詹姆斯忽略了群体宗教意识对个体宗教意识的制约作用，对个体宗教经验特别是神秘经验的解释含混不清，在宗教心理学理论建构方面缺乏严密的逻辑体系。[2]

二、斯坦利·霍尔

斯坦利·霍尔（Stanley Hall）是美国心理学家、教育家，美国第一位心理学哲学博士，是美国心理学会的创立者，将精神分析引入新大陆的第一人，也是冯特的第一个美国弟子，其主要著作是《青春期》

---

① 〔美〕威廉·詹姆士:《宗教经验之种种——人性之研究》，第294—295页。

② 陈永胜:《现代西方宗教心理学理论流派》，第46—50页。

（*Adolescence*），认为个体心理的发展反映着人类发展的历史。1891年，霍尔自己出资创建《教育研究》杂志（后改名为《发生心理学》杂志），用以发表儿童研究与教育心理方面的研究成果。1892年，由于霍尔的努力，美国心理学会（American Psychological Association，简称APA）成立，他被选为第一任主席。霍尔还保持着对宗教的兴趣，他于1904年创办《宗教心理学》杂志，10年后停办。在克拉克大学期间，霍尔的学术生涯达到了顶峰。他带领一些博士生着重围绕青少年的皈依问题进行了一系列开创性研究，并创办了《美国宗教心理学与教育》杂志，集中发表这一领域的研究成果，由此形成了以青少年宗教心理发展为特色的美国唯一的宗教心理学学派——克拉克学派，其中斯塔巴克（Edivin Starbuck）和柳巴（James Henry Leuba）的贡献尤为突出。

霍尔的个体宗教心理发展思想深受达尔文进化论和德国解剖学家黑克尔（Ernst Haeckel）复演论的影响。进化论强调的是动物和人的心理的连续性，复演论关注的是人类胚胎发育对物种演变历史的重复。霍尔在其自传中说："我在青年时代一听说进化论，就感到我几乎必定会被'进化'这个词所催眠，这个词在我听来就是音乐，似乎要比任何其他词汇都要适合我的口味。”[①] 在霍尔看来，进化不但说明了人类种系发生发展的原因，而且说明了每一个体心理发展的原因。同样道理，个人宗教心理的发展如同胚胎学的发展关系一样，是跟随种族宗教心理的发展而发展的。霍尔对进化论和复演论的上述认识，构成了其个体宗教心理发展理论的基石或基本依据。

霍尔个体宗教心理发展理论的特点主要体现在以下几个方面：对个体宗教心理发展的路径考察以青少年期为重点，同时兼顾儿童期和老年期；以进化理论为支撑的个体宗教心理发展动力解释；以综合运用为框架的个体宗教心理发展方法探索。[②]

三、实证主义转向是主因

自此开始，宗教心理学的研究重心从欧洲转向美国。在这一时期，美国的心理学界开始出现了一股强大的实证主义思潮，这种思潮强调通过实证研究来验证和理解心理现象。而随着心理学研究方法的日益发展，宗教心理学研究逐渐受到更多的重视，以实证研

---

① Hall, G. S., *Life and Confessions of a Psychology*, New York: Appleton, 1923, p.357.

② 陈永胜、余如英：《霍尔的个体宗教心理发展理论探究》，《世界宗教研究》2017年第3期。

究为主要研究方法的美国传统一直延续至今。宗教心理学研究重心转向美国主要有如下原因：（1）20世纪初，行为主义和功能主义等实证派别在美国心理学界占据主导地位。这种实证主义的研究方法和理念推动了心理学对宗教心理学的关注和研究。（2）美国作为一个多元文化的国家，拥有各种宗教信仰和传统，而这种多样性为研究提供了丰富的素材，也促进了对宗教心理学多元化的探讨。（3）宗教信仰在美国的心理治疗实践中扮演着重要的角色，这一现象引起了心理学界对宗教心理学研究的兴趣。心理治疗领域对宗教信仰和精神健康之间关系的关注也促进了宗教心理学研究的兴起。（4）美国拥有多所知名的大学和研究机构，在这些机构中支持宗教心理学研究的学者和资源丰富。资金支持和学术环境为宗教心理学的研究提供了条件。

总的来说，宗教心理学研究重心转向美国，实证主义转向是主要原因，它深刻影响了该学科的发展。目前，国际学术界部分学者已经开始思考实证主义传统的弊端，并着手对不同处境的群体进行跨文化的研究，打破一元主导、追求多元进路应该成为该学科未来的发展方向。

第三节 学科研究机构和期刊

一、美国心理学会第36分会（宗教心理学分会）

在美国宗教心理学发展的历史上，专业学术组织的建立为该学科的快速发展奠定了基础。1976年，美国心理学会第36分会的成立，表明宗教心理学的科学研究已经得到美国权威心理学学术组织的认可，标志着美国的宗教心理学进入快速发展时期，这对于提高美国宗教心理学研究的质量具有重要意义，也为其发展提供了可靠的保障。目前，美国心理学会第36分会约有2000名成员，大部分是临床或咨询心理学家。后来因为精神性主题的研究和讨论逐渐深入，该组织正式更名为宗教和精神性心理学分会（Society for the Psychology of Religion and Spirituality）。

该协会刊物有：

1.《美国心理学会第36分会宗教心理学通讯》（*Psychology of Religion Newsletter of American Psychological Association Division 36*），该杂志是第36分会的官方杂志，主要发表协会成员最新的研究成果，以及发布宗教心理学相关的资讯和评论等文章。

2.《宗教和精神性心理学》（*Psychology of Religion*

and Spirituality），该杂志是第36分会的官方杂志，收录文章的范围包括实验、相关关系等方法的研究，定性分析，文献评论类，也会考虑围绕临床相关的训练、职业发展和实践相关的文章。

时至今日，美国心理学会第36分会也一直在与时俱进中向前发展，向外拓展，该协会在APA架构中获得了日益增加的声望和高度，保持了APA委员会一到两位代表的投票权，并且持续不断、逐年增加地为年度会议贡献着实质性的、学术性的报告，这是该分会自身发展挣得的荣耀。但在此过程中，该协会也面临很多尚未解决的问题，目前仍然需要克服的问题包括：如何继续保持其理念的普遍性，避免被单一宗教所主导；招募非犹太-基督团体的成员；将第36分会转化为“实践”分会的倾向；还没有一个可以专供宗教心理学的学生使用的数据库；促使更多的成员来参与活动。

二、国际宗教心理学协会（欧洲）

（一）协会宗旨

国际宗教心理学协会（International Association for the Psychology of Religion，简称IAPR）是旨在促进宗教心理学领域的科学研究和交流的国际性组织。该协会没有任何特定的立场，平等地对待任何潮流趋势，渴望为宗教的科学心理学研究和来自世界各地的宗教心理学家提供一个交流的平台。

（二）协会刊物

1914年起，国际宗教心理学协会出版了《宗教的心理学资料》（*Archiv Für Religionspsychologie*，后更名为《宗教心理学资料》）。多年以来，这一刊物都是由德国哥廷根的Vandenhoeck & Ruprecht出版社出版。从2004年第26期开始，改由荷兰莱顿的布瑞尔（Brill）出版社出版。2009年，《宗教心理学资料》由年刊改为每年（春、夏、秋）三期。《宗教心理学资料》的编辑来自不同的大洲、不同的国家，所有的编辑都坚定地承诺真正培育对所有宗教传统中宗教现象的科学研究感兴趣的心理学家的国际交流平台。《宗教心理学资料》杂志欢迎所有的方法论取向，包括定量研究和定性研究。它刊登研究报告和简短的研究笔记，也刊登提出宗教心理学领域具有创新性的概念和理论视角的文章。

从2007年开始，国际宗教心理学协会普通成员会费包括了订购该杂志印刷版的费用。《宗教心理学资料》的文本可以在线阅读。该杂志的主页上有杂志的办刊目的、研究领域、作者信息以及近期的期刊。

三、其他刊物

除了上述两个协会自身的刊物之外，对西方宗教心理学的发展有重要促进作用的刊物还有很多。笔者在此择要列举如下：

（一）《国际宗教心理学杂志》（*International Journal for the Psychology of Religion*）

《国际宗教心理学杂志》是致力于宗教心理学研究的同行评审的学术杂志。该杂志是专门关注宗教心理学研究的唯一国际期刊，它致力于对所有宗教传统的宗教过程和现象的心理学研究。该杂志为宗教问题上的实证研究和最普遍意义上的关切提供心理学视角的持续探讨平台。其中发表的论文覆盖了各种各样重要的主题，例如宗教的社会心理学，宗教发展，皈依，宗教经验，宗教和社会态度及行为，宗教和心理健康，宗教的精神分析和其他理论阐释，等等。

（二）《宗教科学研究杂志》（*Journal for the Scientific Study of Religion*）

《宗教科学研究杂志》是多学科的杂志，刊登宗教社会科学研究方面的论文、研究报告和书评。该杂志已经刊登的论文是宗教理论和方法研究方面最新、最优秀的代表。其着眼的领域包括针对个人宗教经验的微观层面分析以及宗教组织、机构和社会变迁的宏观层面分析等。虽然该杂志很多已经发表的论文是社会学的，但它也发表人类学、经济学、健康科学、宗教学研究、心理学和政治科学领域学者的论文。该杂志不发表宗教的神学研究论文。

（三）《宗教学研究评论》（*Review of Religious Research*）

《宗教学研究评论》杂志发表有关宗教的社会科学的实证研究，主要关注社会学、社会心理学和心理学。该杂志刊登的文章涉及多个主题和不同的方法，包括：新宗教运动、教派和会众增长的动力、信仰和实践方面个体和组织的变量、个人精神性和机构宗教卷入之间的关系、会众和教派的冲突、宗教经验、民（种）族宗教组织、宗教和家庭生活、宗教和政治行为、宗教行为和体制的比较分析等。

该杂志在宗教研究方面有别于其他杂志的特色在于它对应用的关注，以及为专业学术研究和以教派为根基的研究者提供研究成果分享的机会。该杂志旨在促进教派和学术研究者在应用研究方面的分享和讨论。

该杂志是宗教研究协会的官方季刊杂志，其发表的文章类型有研究论文、教派研究报告概述和受邀撰写的书评。

（四）《宗教和健康杂志》（*Journal of Religion and Health*）

《宗教和健康杂志》旨在从特定的角度探讨宗教和精神性思想与医疗和心理治疗关联的当代模式。对于人类价值观、健康和情感福祉的探究采取不拘一格的方法，这一国际性的跨学科杂志的论文发表采用同行评审的方法，探究心理和身体健康与各种宗教和精神性的关联。该杂志由布兰顿-皮尔研究所（the Blanton-Peale Institute）创刊于1961年，结合心理学和宗教的视角，为具有不同宗教信仰和背景的学者和科研人员从理论和实践层面研究上述问题提供了一个学术平台。

（五）《心理健康、宗教和文化》（*Mental Health, Religion & Culture*）

《心理健康、宗教和文化》杂志为致力于心理健康和宗教领域拓展的广大专业人士和学者提供一个权威的论坛和参考。该杂志发表的论文以实证研究为基础，探究心理健康和宗教文化层面的关联，兼论其概念和哲学层面。该杂志鼓励投稿的论文涵盖相当广泛的学科，包括精神病学、心理学、人类学、社会学和其他社会科学，哲学、神学和宗教学，资料和牧师工作等。

该杂志文章涉及的主题包括：宗教行为是在什么

时候、如何转变为精神病症状的；文化变量在精神疾病中的存在；宗教的影响；宗教应对方式及其效果；宗教疗愈与心理障碍及其效能；宗教活动和子女抚养实践及其对心理健康的影响；心理障碍起因的宗教信仰影响；加入与退出宗教组织对心理健康的影响；认同的宗教层面及其与心理健康的关系；心理疗法、精神病学和临床心理学中与宗教相关的问题；多学科心理健康小组中宗教人士的角色。

该杂志的出版商是：卡尔法克斯出版有限公司（Carfax Publishing Limited）。

此外，还有一些与宗教心理学研究相关的杂志，详见本书参考文献中的期刊目录。

第三章
主要理论流派、代表人物及思想要点

在国内，对现代西方宗教心理学思想史研究主要集中在重要的理论流派及其代表人物的思想梳理方面。除了陈永胜教授的《现代西方宗教心理学理论流派》一书，还有陈彪、周普元、陆丽青、梁恒豪、刘佳佑等都以专著和论文的形式进行过相关研究。在这里，笔者仅着重阐述部分有代表性的、影响深远的理论流派，概述代表人物的代表作及思想要点，拟将学科思想史的写作留待以后完成。

第一节　精神分析

精神分析学又称精神动力学或心理动力学。根据精神分析学的观点，行为是由强大的内部力量驱使或激发的。精神分析学的动机原则是由维也纳医生弗洛伊德在19世纪末和20世纪初完整地发展起来的。

精神分析理论已经被某些人认为“清晰地引领了宗教研究领域的革命，尤其是宗教心理学”，而且“作为宗教心理学中应用最多、唯一的、综合的理论方法，精神分析法没有替代，从理论上也没有其他选择”。[①]然而，其他人认为精神分析论及宗教的理论，虽说不上一无是处，但有时过于简单，通常是还原主义的，并且普遍没有得到经验主义的支持。[②]

弗洛伊德是精神分析心理学的创始人，被誉为“精神分析之父”。弗洛伊德在宗教心理学领域的代表作主要有《图腾与禁忌》[③]《一个幻觉的未来》[④]和《摩西与一神教》[⑤]等。

在弗洛伊德的文章和著作中，他着重从精神分析

---

① Beit-Hallahmi, B., *Psychoanalytic Studies of Religion: A Critical Assessment and Annotated Bibliography*, Westport: Greenwood Press, 1996, p.12.

② Hood, R.W., Jr., B. Spilka, B. Hunsberger and R. Gorsuch, *The Psychology of Religion: An Empirical Approach*, 2 edition, New York: Guilford Press, 1996; Wulff, D. M., *Psychology of Religion: Classic and Contemporary*, 2 edition, NewYork:Wiley, 1997.

③ 〔奥〕弗洛伊德:《图腾与禁忌》，杨庸一译，中国民间文艺出版社1986年版;〔奥〕弗洛伊德:《图腾与禁忌》，文良文化译，中央编译出版社2005年版;〔奥〕弗洛伊德:《图腾与禁忌》，赵立玮译，上海人民出版社2005年版。

④ 〔奥〕弗洛伊德:《一个幻觉的未来》，杨韶刚译，华夏出版社1989年版。

⑤ 〔奥〕弗洛伊德:《摩西与一神教》，李展开译，生活·读书·新知三联书店1989年版。

的角度来分析宗教，提出了很多有价值的概念和理论，对宗教心理学领域做出了突出的贡献，但另一方面，他对宗教的研究和表述非常简单和极端，极大地伤害了部分宗教界的感情。例如，弗洛伊德把宗教看作是一种“普遍的强迫性神经官能症”，把上帝描绘成是父亲形象的投射，是“一个出于愿望的幻觉系统，并且否定了实在，正像我们在精神错乱中所发现的那样”。[①]这种张力在心理学和宗教之间造成了裂痕，逐渐导致任何宗教心理学的尝试都被看成是对宗教的不敬和破坏。

弗洛伊德深受那个时代实证主义科学观的影响，用一种生理学的决定论和还原论的观点来分析人的心理、解释宗教现象，同时用一种类比的方法、象征的语言来揭示个人心理和人类历史文化（包括宗教）之间的关系。他不相信宗教本身是独立的实在，认为它只不过是其他事物的呈现和表达，所以要引导人们去发现隐藏在宗教背后的更为深层的实在。他用怀疑的眼光和无畏的精神开辟了许多新的领域，揭开了很多谜底，虽然他的许多结论性观点都很难用科学方法证实，但对宗教心理学来说却是一笔巨大的财富。

---

① Freud, S., “Odsessive Acts and Religious Practices”, in *Collected Papers*, London: Hogarth Press, 1907; Freud, S., *The Future of Illusion*, London: Hogarth Press, 1927.

弗洛伊德指出认识神秘主义产生运作的机制，需要从梦的运作机制入手，梦是一种愿望（被压抑的潜意识）的满足，神秘主义不过是一种个体或社会心理现象罢了。“（神秘主义）看来并不是梦，而是对梦的解释，即对梦的精神分析研究。”[①]可见，神秘主义宗教经验如同梦的运作机制一般，不过是一种潜意识而已。

第二节　分析心理学

卡尔·古斯塔夫·荣格，瑞士心理学家、精神病学家，精神分析学派的主要代表，分析心理学的创始人。主要著作有《无意识心理学》《心理学型态》《集体无意识原型》《心理学与文学》等。他提出集体无意识与原型理论，是对弗洛伊德精神分析学的泛性论倾向的纠正。

关于宗教的定义，荣格在《心理学与宗教》一文中指出，“宗教，正像这个拉丁词所指明的那样，是对鲁道夫·奥托恰当地名之为‘圣秘’的那样一种东西所作的细致观察”。[②]他还把宗教说成是“一种特殊的心态，这种心态的形成符合*religio*一词的原始用法，*religio*意味

---

① 〔奥〕弗洛伊德:《文明与缺陷·梦与神秘主义》，傅雅芳等译，安徽文艺出版社1996年版，第145页。

② 〔瑞〕荣格:《荣格文集：让我们重返精神的家园》，冯川、苏克译，改革出版社1997年版，第308页。

着对某些充满活力的要素的细致而小心的体察”。[①]根据他对宗教经验的强调，他说，“宗教这个词，指的是已被‘圣秘’体验改变了的意识的一种特有的态度”。[②]

荣格认为宗教的本质是宗教经验。宗教观念产生于人们对神的体验和认知，宗教教义的出现借助于宗教经验。荣格认为：“宗教教义是原初宗教体验法典化了的和教条化了的形式；宗教体验的内容则已经在严格的和往往十分精致的思想结构中圣化和凝固。原初的宗教体验的实践和重复已经成为一种仪式和不可改变的制度。”[③]同时，他认为这些仪式并不是僵化的、无生命的东西，但是一切的改变和发展都依赖于宗教经验。宗教仪式的唯一目的是服务于宗教经验。他说：“当涉及宗教实践或宗教仪式的时候，却存在一些例外的情形。许多仪式的举行仅仅是出于一个目的，那就是借助某些魔法性质的方式，如祈祷、念咒、献祭、坐禅（或其它一些瑜伽实践）以及各种各样的自我折磨和自我惩罚来制造一种‘圣秘’的效果。”[④]

荣格认为人具有一种自然的“宗教”[⑤]属性，这一

---

① 〔瑞〕荣格：《荣格文集：让我们重返精神的家园》，第309页。

② 〔瑞〕荣格：《荣格文集：让我们重返精神的家园》，第310页。

③ 〔瑞〕荣格：《荣格文集：让我们重返精神的家园》，第310页。

④ 〔瑞〕荣格：《荣格文集：让我们重返精神的家园》，第309页。

⑤ 这一“宗教”当然是荣格自己定义的“宗教”。

属性以其自己的方式对人产生着巨大的影响。原始人类就有这种属性，他们就像关心耕耘、狩猎、捕鱼及其他基本需要一样表现着这种属性，他们有自己的宗教象征，如图腾崇拜等，甚至创建了我们称之为原始宗教的宗教。关于现代人的宗教属性，他说道："尽管存在着现代人对宗教的贬低态度，现代的男男女女依然一如往昔，天生地是宗教的。只是过去流溢在宗教仪式与教规当中很大一部分能量，今天却被表达在政治信仰当中，消耗在一些稀奇古怪的崇拜当中，或者羁留在对某种客观事物，比如对知识的寻求上面。"①

与弗洛伊德明确反对宗教的态度不同，荣格一直在探寻宗教在精神治疗中的有益作用。在临床治疗中，荣格更看重人更深层次的精神需求，即病人乃至一般人继续活下去的信仰、爱、希望以及理解。荣格认为，只有富有意义的生活才能使人们获得自由，而心理的痛苦正在于不能发现生活所具有的意义。

第三节 新精神分析

一、弗洛姆

弗洛姆（Erich Fromm），国际知名的美籍德国犹

① 〔瑞〕F.弗尔达姆：《荣格心理学导论》，刘韵涵译，辽宁人民出版社1988年版，第74页。

太人本主义哲学家和精神分析心理学家。毕生旨在修改弗洛伊德的精神分析学说以切合发生两次世界大战后的西方人的精神处境，弗洛姆因此被尊为“精神分析社会学”的奠基人之一。

弗洛姆宗教心理学最具有代表性的著作有：《精神分析与宗教》（*Psychoanalysis and Religion*）、《禅与心理分析》（*Psychoanalysis and Zen Buddhism*）、《基督教义与宗教、心理学及文化方面的其他论文》（*The Dogma of Christ and Other Essays on Religion, Psychology and Culture*）、《像上帝一样生存》（*You Shall Be as Gods*）等。

关于宗教的定义，弗洛姆认为，对西方人来说，“宗教”一词意味着一位统治宇宙的神。但有的宗教，如佛教、道教和儒教就没有这样的一位神，而当代的权威主义虽然不叫宗教，但从心理学意义上说它起着宗教的作用。因此，必须赋予宗教一个广泛的定义，以便容纳诸如此类的宗教。他认为，宗教应定义为共享的，赋予它的追随者以“取向的框架以及为之奉献身心”的任何思想与行为体系。[①]弗洛姆说，根据这个定义，所有的文化都有一个宗教。

---

① Fromm, E., *Psychoanalysis and Religion*, New Haven: Yale University Press, 1950, p.21.

弗洛姆把宗教视为人的一种生存需要，他指出："我所理解的'宗教'是指任何由一个群体共享的思想和行动体系，它向个人提供了一个定向的框架和信仰的目标。"[①]由此可见，虽然宗教的定义多种多样，弗洛姆却对它做了进一步的扩展，认为宗教是一种广泛的现象，其本性是作为一种需要反应而产生的意义，即宗教被看作是一种功能，是人的目标和信仰需要的答案，是一种必需的手段。他反对把宗教与关于神或者超自然力量的观念体系等同的观点，认为宗教概念不仅应当包括传统意义上的宗教信仰，同时也包括哲学体系、道德学说和政治主张等等。

此外，弗洛姆还将宗教分为权威主义宗教和人本主义宗教两个层面，并且对权威主义宗教进行了猛烈抨击，期待建立理想化的人本主义宗教。

由此可见，弗洛姆试图消除权威主义宗教的传统弊端，建立理想化的人本主义宗教，以帮助现代人摆脱生存的困境，满足现代人在宗教方面的精神需要，这是他对于宗教的心理本质及其社会心理功能的基本主张。

---

① 〔美〕弗洛姆:《精神分析与宗教》，贾辉军译，中国对外翻译出版公司1995年版，第16页。

二、埃里克森

艾利克·埃里克森（Erik Erikson）是美国精神病学家，著名的发展心理学家和精神分析学家。埃里克森对弗洛伊德个人极为钦敬，并一直视其为学术之父。弗洛伊德对埃里克森的影响主要表现在，弗洛伊德对艺术、文化和哲学有兴趣——这种兴趣需要更多的现象学和文学的研究方法——他吸引了埃里克森的艺术渴望和全部心思，并激发他在精神分析中整合进这种方法。在《生命历史和历史时刻》一书中，埃里克森写道："坦率地说，按照19世纪的物理主义比科学更具科学性的说法，我一直怀疑（也许我对这些事情并不真正理解）精神分析学说中那些最为科学的东西，尽管我懂得心理学和社会科学为了从哲学和神学中解放出来，别无选择而不得不试着以那个世纪的科学意向来思考。但是，弗洛伊德的现象学和文学方法似乎反映了潜意识的真正创造性，其本身即是一种成就，否则精神分析理论对我来说并没有多大价值。"①他提出人格的社会心理发展理论，把心理的发展划分为八个阶段，指出每一阶段的特殊社会心理任务，并认为每一

① Erikson, E., *Life History and the Historical Moment*, New York: Norton, 1975, p.40.

阶段都有一个特殊矛盾，矛盾的顺利解决是人格健康发展的前提。

按照埃里克森的观点，一个人宗教心理的发展受到遗传、心理和社会三种因素的相互作用。其中，遗传规定着发展的顺序，自我意识和社会环境（尤其是宗教的仪式化传统）决定了不同阶段“转折点”的顺利过渡或危机解决，这就如同“齿轮”那样，是一种“生成和再生成的互利系统”。①埃里克森强调，心理社会危机始终是两种对立趋势之间的比率问题，该比率不仅意味着意识经验和可观察行为的某些模式，而且也意味着潜意识本能状态的某些模式。当发展中的积极趋势占主导地位时，就会形成宗教人格中的美德；当发展中的消极趋势占主导地位时，则会形成“潜在的核心病理”或“不相容”。②

三、弗兰克尔

维克多·埃米尔·弗兰克尔（Viktor Emil Frankl），奥地利临床心理学家。

---

① Erikson, E., *Insight and Responsibility: Lectures on the Ethical Implications of Psychoanalytic Insight*, New York: W. W. Norton, 1964, p.152.

② Erikson, E., *Childhood and Society*, 2 edition, New York: W. W. Norton, 1963, p.274.

弗兰克尔先后出版了10余部著作，大部分被译成外文，其中《追寻生命的意义》一书已被翻译成30多种文字，印数超过400万册。弗兰克尔的宗教心理学思想集中体现在《潜意识的上帝：心理治疗与神学》一书中。此书写于1948年，1975年出版了英文译本。在英文版序言中，弗兰克尔提及，关于心理治疗与宗教的关系，他在《心理治疗与存在主义》和《追求意义的意志》这两部著作中做了进一步阐述。

弗兰克尔在宗教心理学上的贡献，主要在于他靠自身体验所创的意义治疗法。弗兰克尔意义治疗法的创立与他本人的亲身经验密切相关。他曾是纳粹集中营里的囚犯，漫长的牢狱生涯，使得他除了一息尚存之外别无余物。他的双亲、哥哥、妻子，不是死在营房里，就是被送入毒气间，一家人仅剩下他和妹妹。[①] 在他被囚禁以前，他的思想就已形成，并完成了阐发这些思想的手稿。他被囚禁在纳粹集中营里的生活，不仅使他的一些基本思想得到了深刻的检验，并且真实的感触让他感受到了生命意义的强大。

所谓意义治疗法（logotherapy），是指协助患者从

① 〔德〕维克多·弗兰克：《活出意义来》，赵可式等译，生活·读书·新知三联书店1991年版，代序，第1页。

生活中领悟自己生命的意义，借以改变其人生观，进而面对现实，积极乐观地活下去，努力追求生命的意义。

关于宗教，在弗兰克尔看来，“宗教感深深植根于人的潜意识之中……无论是患有精神疾病还是处在监禁状态，都无法消除这种感觉”。[①]潜意识的宗教性可被看作是人类自我与神圣超验之间，以及人类的“我”和“超越人性的你”之间的一种联系。“如果我们的存在深处不能充满对终极意义的基本信赖，那我们连一个手指也抬不起来。”[②]没有这种信赖，呼吸便会停止。不信赖意义，人们就不可能生存。

弗兰克尔主张通过精神关怀治愈信徒“破碎的自我”，强调终极意义的价值在于帮助“存在的虚空”[③]中的个人摆脱日常困扰。他曾指出，一个病人如果具有坚定的宗教信仰，我们就没有理由不借重他的宗教信念及精神力源来发挥医疗上的效果。他曾通过《圣经》的教导帮助一位奥斯维辛集中营的犹太经师从痛苦中解脱出来，重新找回生命的意义。[④]意义分析的任务

---

① Frankl, V. E., *The Unconscious God: Psychotherapy and Theology*, New York: Simon and Schuster, 1975, pp.10–12.

② Frankl, V. E., *The Will to Meaning: Foundation and Applications of Logotherapy*, New York: World, 1969, pp.150–151.

③ 所谓“存在的虚空”是指我们时代无意义和空虚的特征。

④ 〔德〕维克多 · 弗兰克：《活出意义来》，第101页。

之一就是把受压迫的宗教性带回到精神领域。他认为，人类生命中固有的宗教性绝不会从一开始就成为意识，即人类的宗教性可能会受到压抑。今天所说的受压抑的东西，不是本能（性欲），而是意义的探寻；不是“性爱”，而是“理性”。[①]即使宗教性被压抑在潜意识里，受到压抑的超验也会以“不安分之心”的形式显现出来。

第四节　人本主义

人本主义被称为心理学的第三势力，代表人物有马斯洛、弗洛姆和罗杰斯等。20世纪60年代强调个人主义和个人言论自由的时代背景，为人本主义的发展奠定了基础。人本主义心理学的核心内容有四个方面：强调人的责任；强调“此时此地”；从现象学角度看个体；强调人的成长。人的理性和自我意识的觉醒导致宗教的产生，而人本主义宗教能够帮助人全面发展，摆脱恐惧，最终达到自我、他人和这个世界合一的目的。

---

① Frankl, V. E., *Psychotherapy and Existentialism: Selected Papers on Logotherapy*, New York: Simon and Schuster, 1967, p.87.

一、奥尔波特

奥尔波特（Gordon W. Allport），美国人格心理学家，现代个性心理学创始人之一，美国人本主义心理学家的代表人物之一。1939年当选为美国心理学会主席。1964年获美国心理学会颁发的杰出科学贡献奖。在宗教心理学方面，奥尔波特运用其独特的人格特质理论，将信教者的人格特征划分为“成熟的宗教情感”与“不成熟的宗教情感”两种基本类型，后来又与罗斯一起研制出“奥尔波特–罗斯宗教取向量表”（简称IE量表），为西方宗教心理学的标准化测量做出了历史性的贡献。伍尔夫称奥尔波特是“继詹姆斯和普拉特之后对美国人本主义宗教心理学影响最广泛的贡献者”。①

宗教取向（religious orientation）是宗教性测量的一个重要维度，是判断一个人是否是宗教信徒和测量一个人宗教虔诚度的标准。奥尔波特明确将信徒进行“真信徒”和“假信徒”的区分，通过宗教取向明确了什么是“真正的信徒”，试图通过一定的标准对宗教信徒进行规范性的限定。他的宗教取向两分的理论在宗教心理学领

---

① Wulff, D. M., *Psychology of Religion: Classic and Contemporary Views*, New York: John Wiley & Sons, Inc., 1991, p.580.

域是流传最广、影响最大的理论之一。

不过，奥尔波特通过宗教情感和宗教取向来区分什么是真正的宗教信徒的二分法还有诸多不足，遭到了不少批评和非议①，但重要的是，他的理论和方法为后来宗教心理学的实证研究提供了可以借鉴的进路，为后来的研究者奠定了一定的研究基础。在这个意义上，奥尔波特的研究具有非常重要的意义。

二、马斯洛

亚伯拉罕·马斯洛（Abraham Maslow）是美国著名社会心理学家，第三代心理学的开创者，提出了融合精神分析心理学和行为主义心理学的人本主义心理学，并于其中融合了其美学思想。马斯洛的心理学理论核心是人通过自我实现，满足多层次的需要系统，达到“高峰体验”，重新找回被技术排斥的人的价值，实现完美人格。他认为人作为一个有机整体，具有多种动机和需要，提出了马斯洛需求层次理论，包

① Batson,C. D., “Religion as prosocial: Agent or Double Agent?”, *Journal for the Scientific Study of Religion*, 1976, Vol. 15, pp.29–45; Donahue,M. J., “Intrinsic and Extrinsic Religiousness Review and Meta-analysis?”, *Journal of Personality and Social Psychology*, 1985, Vol. 48, pp.400–419; Beck, Richard, Ryan K. Jessup, “The Multidimensional Nature of Quest Motivation”, *Journal of Psychology and Theology*, 2004, Vol. 32, pp.283–294.

括生理需要（physiological needs）、安全需要（security needs）、归属与爱的需要（love and belonging needs）、自尊需要（respect and esteem needs）和自我实现需要（self-actualization needs）。马斯洛的代表作品有《动机和人格》《存在心理学探索》《人性能达到的境界》等，体现其宗教心理学思想的著作是《宗教、价值观和高峰体验》，参编的著作有《宗教、科学、精神卫生中的心理健康与宗教》，公开发表的论文有《走向一种宗教意识的心理学》《超验的不同意义》等，以及未发表的《和尚能够自我实现吗?》《约拿情结——理解我们对成长的恐惧》《北美黑脚印第安人的文化与人格》等日记、文章和报告等。[①]

高峰体验是马斯洛宗教心理学思想的一个核心概念。马斯洛认为，高峰体验是一种核心的宗教经验，通常指一种短暂的狂喜、入迷、出神、极大的幸福感和愉快。在这种短暂的时刻里，可以感受到敬畏、崇拜和奇妙等心情，体验到“此时此地”以及真实而统一存在的感觉，同时也体验到超越与神圣。[②]

马斯洛还用祭司/教士型和先知-神秘者-冒尖人

---

① 参考〔美〕爱德华·霍夫曼编:《洞察未来——马斯洛未发表过的文章》，许金声译，华夏出版社2004年版，第29—31、39—43、176—205页。

② 陈永胜:《现代西方宗教心理学理论流派》，第178页。

物型分别指代两种宗教信仰者，这两种区分对应了宗教和精神性的两分法。[①]在他看来，祭司/教士都是宗教里的保守分子，他们忠于那个在先知原始的启示上建立起来的组织机构，使这种启示能为大多数人所用。马斯洛认为，在制度化的宗教里，一个人想要获得这种强烈的个人宗教经验是相当困难的。但当人们亲身经历强烈的宗教经验，有可能使他们远离制度化的宗教，这对祭司和教士来说是一种威胁。[②]这就是他对制度化宗教和精神性信仰之间张力的解读。

三、瓦茨

艾伦·威尔逊·瓦茨（Alan Wilson Watts）是英裔美国作家、哲学家、比较宗教学家和宗教心理学家。他与宗教心理学关系密切的著作主要有：《关注精神：对神秘宗教必要性的研究》《终极同一》《不安全的智慧》《基督教中的神话与仪式》《禅学之方法》《上帝的两只手：对立的神话》《超越神学：上帝在丛林中生活的艺术》《法规：论与你熟悉者相反的禁忌》《这就是它》《自然，男人与女人》等。陈永胜教授认为，

① 梁恒豪：《西方精神性概念的发展及与中国处境的关联》，《世界宗教研究》2015年第6期。

② 参见〔美〕玛丽·乔·梅多、〔美〕理查德·卡霍：《宗教心理学》，第409—410页。

瓦茨的宗教心理学思想主要体现在三个方面：批判西方宗教的狭隘思维方式，着力强调东西方宗教融合与互补的重要性，并将整体性的神秘经验视为个体宗教的心理基础。①

瓦茨认为西方人看世界的方式是一种狭隘的知觉方式，其思想上的病态表现在他们将整体看作部分的总和，试图把各部分观察或研究所得的结果聚合起来，然后去建构一个所谓的“整体”。在此基础上，西方人将显示割裂成为许多没有联系的部分，从而将上帝看成是“宇宙的自我”和“至高无上的部分”。当把上帝视为一切完美的时候，人类相比之下便具有了罪恶。例如，基督教把变化的世界看成是静止的世界，所以才创造出“永不改变的上帝”“永远不朽的灵魂”，以及不朽灵魂与不变上帝的“永恒结合”。②

瓦茨非常欣赏东方文化与宗教中的整体思维方式，特别是印度教、道教中具有辩证色彩的整体思维方式。瓦茨强调，中国道教主张用阴阳对立统一的方式来解释人的心灵，这种内在的和谐是一种“潜意识的智慧”，是“比西方线性逻辑所能提供的东西更加高超的智慧”。这种潜意识被看成是与“道”相协调的天生的

---

① 陈永胜：《现代西方宗教心理学理论流派》，第193页。

② 陈永胜：《现代西方宗教心理学理论流派》，第194页。

智慧。“道”虽然热爱并养育着一切事物，但它不是宇宙的创立者，运用“道”的原理和谐生活的个体是不会出现变态行为的。[①]

瓦茨强调现实的神秘经验是个体宗教的来源。他在比较分析东西方宗教的基础上，从个体宗教心理来源的角度出发，探讨了基于现实的神秘经验在个人宗教生活中的独特意义。他认为，所有有关“上帝”的看法都只能指向一种经验，当“上帝”被转化为词语或教义时，有关“上帝”的直接经验也就消失了，因此宗教传播的教义也许是一种误导。他主张，我们需要的“信仰”，是一种面向事实的心灵的开放。一切存在于“上帝”观念中的信仰必须被抛弃，它们都是为了表现神秘经验的内容而取的名称。他认为，宗教教义不应该与未来的某个时间相联系，而应该与当前的现实相联系。任何人都可体验与“上帝”和“永恒生命”相对应的现实。[②]

第五节　超个人心理学

超个人心理学（transpersonal psychology）是继人本

① 陈永胜:《现代西方宗教心理学理论流派》，第196页。

② 陈永胜:《现代西方宗教心理学理论流派》，第196—197页。

主义心理学之后的西方心理学第四势力，精神性（或灵性）是后人本主义心理学研究的核心内容，其代表人物都认为要向东方文化学习。20世纪六七十年代，迷幻药文化、东方宗教、禅修等文化在西方逐渐流行起来，一些人本心理学的领袖人物，包括马斯洛、苏蒂奇（Anthony J. Sutich）和格罗夫（S. Grof）等人经常讨论超越人本主义的问题，他们越来越不满人本心理学只关注个体的自我及其实现，意识到应该将自我与个人以外的世界和意义联系起来，这个领域属于超越的领域或超出自我关怀的精神生活领域。

从事超个人心理学研究的心理学家很多，这里根据其地位和对于宗教心理学的现实影响，择要简介如下：

一、马斯洛

马斯洛提出了融合精神分析心理学和行为主义心理学的人本主义心理学，在心理学领域最有影响的是他提出了需要层次理论。随着马斯洛去世后30年来心理学的发展，特别是随着超个人心理学与后现代思潮的兴起，他晚年的思想发展越来越受到重视，并日益显露出其前瞻性、原创性和深远的影响力。

在充分研究了马斯洛晚年的超越性人格理论的形成及影响的基础上，郭永玉认为，马斯洛晚年致力于一种新心理学的创建，他称其为“超个人心理学”“第四势力心理学”。他修订了著名的需要层次理论，强调超越性需要，基于这种需要的管理就要考虑到超个人的价值、存在价值或宇宙价值的激励作用。马斯洛的需要层次理论提供了一种超个人的发展模型和人格理论。作为一种发展模型，马斯洛的理论显示出，每一个体的生命历程的发展都要经过从低层次需要到高层次需要的顺序，到最高层次就是超个人的或精神性的。[①]在深入研究自我实现者的基础上研究了超越性人格的特征，马斯洛探讨了将这种新的人格理论应用于社会生活的可能性，这些研究都为超个人心理学的发展奠定了基础。

二、格罗夫

格罗夫（Stanislav. Grof）是一位研究迷幻药麦角酸二乙基酰胺（Lysergic Acid Diethylamide，简称LSD）的精神科医师，早年受弗洛伊德精神分析学派影响，在布拉格精神病学研究院从事临床研究，并于1967年荣获捷克斯洛伐克科学学院的医学博士学位。就在获得博士学位的同年，格罗夫受约翰·霍普金斯大学的

① 郭永玉：《马斯洛晚年的超越性人格理论的形成与影响》，《华东师范大学学报（教育科学版）》2002年第2期。

邀请前来美国访学。在接下来的数十年时间里，格罗夫作为伊莎兰研究中心的常驻教授，在那里长期从事研究、著述，并举办工作坊和讲座。格罗夫出版著作近30种，被翻译成20多种语言。2007年10月格罗夫更是由于在意识探索领域的革命性贡献而荣获捷克总统大奖。

基于他常年从事的LSD研究工作，他发展出了一套超越西方心理学的意识地图，走入超个人的精神性领域。他利用快而深的呼吸和大声的音乐引发超常意识状态，试图模拟LSD的作用，并且运用超常意识状态来达到治疗的目标，形成了一种独特的超个人心理治疗，运用全息呼吸工作付诸治疗实践，从捷克开始，后来在美国推广。

格罗夫的意识地图理论[①]包括三个广泛的领域：（1）感官障碍和个人潜意识的领域；（2）出生过程或与出生有关的领域；（3）超个人领域。

此外，格罗夫努力探索人类心灵的内在宇宙。他孜孜不倦地探索和适应人类行为最黑暗的阴影（绝望、自杀、恐怖主义、极权主义、大规模杀戮、腐败、末

① 参见格罗夫：《非常态心理学：现代意识研究的启迪》，刘毅等译，云南人民出版社2003年版。

日之象），但同样还有最高贵的精神性冲动和高度神秘的领域，并且以不压抑任何一方和不简化的态度，表现出最高远与最深处之间的内在联系。全息状态直接从经验上进入存在的精神性维度，包括原型在内。这很重要，因为原型的概念，按照其在此处的理解，对于占星学至关重要。迄今为止，大多数学院派心理学家和精神病学家认为荣格的原型概念毫无根据、值得怀疑并拒绝将其当真。然而，现代意识研究已显示在全息状态中原型实际上可以被直接经验到，这毫无疑问地证实了原型的存在。格罗夫在其他情况下发表的个案史显示，涉及原型的超个人经验能提供有关未知经验文化中神话现实的新信息，并且开创了新的治疗可能性。

三、肯·威尔伯

肯·威尔伯是美国著名的心理学家、哲学家之一，超个人心理学最重要的代表人物之一，被称为超个人心理学的马斯洛。他的研究以创造一个以心理学、神秘主义、现代主义、经验科学、系统论连贯为整体的“意识的完整理论”为主。

威尔伯发现传统西方心理学有一个主要的缺陷，即倾向于把超个人状态等同于前个人状态。由于精神分裂或其他精神病状态的自我丧失在表面上很类似开悟的最高神秘经验所发生的自我丧失，所以包括弗洛伊德在内的心理学家一直假定这两种状态完全相同。威尔伯对两者做出了区分：婴儿的前个人状态还没有自我意识，超个人状态则是经过自我意识的发展，然后加以超越，具有自省能力但不受自我的限制。这一区分在超个人心理治疗中非常重要。

总之，超个人心理学研究人的灵性（精神）强调的是超越自我、消除对立观念，完全融入一种无限崇高价值追求的精神状态和精神境界。超个人心理学试图将世界精神传统的智慧整合到现代心理学的知识系统中。世界精神传统和现代心理学是两种关于人自身的知识体系，前者是指世界各民族文化的传统宗教和哲学，其中包含着对人及其精神生活的理解和践行方式，但不是以现代科学的方法和系统化的表达方式存在的；后者包含着对人的身体与心理的科学研究，但这种研究在很大程度上割断了与世界精神传统的联系。超个人心理学对世界精神传统和现代心理学持同等尊重态度，试图将两者结合起来，并加以创造性的综合，进而提供一种包含身体、心灵的架构来全面地认识我们自己。

第四章
研究方法及批判

宗教心理学同科学心理学一起诞生于19世纪末期，但两者的境遇却截然不同，宗教心理学没有取得科学心理学那样的声望和地位，处于非主流、边缘化的境地。这一方面是由于宗教心理学研究对象的特殊性，很难将其纳入科学心理学的研究领域，另外一个重要的原因便是研究方法的问题。自现代科学心理学建立之日起，就一直力图使自己获得生理学、物理学等自然科学那样的显赫地位，因而将自然科学方法论引入到心理学研究中，用实证主义方法研究人的心理活动一定程度上满足了心理学家的“科学情结”。这样的倾向对宗教心理学的发展带来极为不利的影响。但是，伴随着阐释学-现象学的兴起及其被引入心理学研究中，近年来宗教文化心理学越来越受到重视，与实证主义并立的现代心理学的方法越来越多，宗教心理学研究方法也呈现多元化的局面。

第一节　科学实证主义

实证自然主义在19世纪末兴起，这一研究方法在很多方面是基于对阐释学-现象学方法中很多假设的反对，而且已经主导了整个20世纪的心理学，在宗教和精神性心理学领域也有决定性的影响。[①]

一、实证主义的定义和分类

实证研究方法有狭义和广义之分。狭义的实证研究方法即定量研究，指利用数量分析技术，分析和确定有关因素间相互作用方式和数量关系的研究方法，它是复杂环境下事物间的相互联系方式，要求研究结论具有一定程度的广泛性，包括问卷调查法、相关分析法和实验法等。广义的实证研究方法是以实践为研究起点，认为经验是科学的基础。广义实证研究方法泛指所有经验型研究方法，重视研究中的第一手资料，但并不刻意去研究普遍意义上的结论，在研究方法上是具体问题具体分析，在研究结论上，只作为经验的积累。广义实证研究方法包括定性研究，例如文献法、

① Nelson, J., "Missed Opportunities in Dialogue between Psychology and Religion", *Journal of Psychology and Theology*, 2006, Vol. 34, pp.205–216; Nelson, J., *Psychology, Religion, and Spirituality*, New York: Springer, 2009, pp.43–66.

访谈法、观察法、民族志、焦点团体讨论、历史分析法、叙事分析、个案研究、经验描述法、阐释学-现象学方法、扎根理论、行动研究、临床研究以及多元整合方法等。

二、实证主义的影响

实证自然主义研究方法在西方对宗教和精神性的心理学研究中曾经占主导地位。然而，即便拥有这种历史重要性，对这种模式的批评也逐渐增加了。[①]目前，相当多的研究仍然深受实证自然主义影响，但由于宗教和精神性现象的多元复杂性，这种倾向在很多方面阻碍了宗教心理学的发展。

实证自然主义方法的理论重要性比它的经验主义的影响小多了。关于实证自然主义方法持续的理论探讨导致某些评论家评论说，尽管现代宗教和精神性心理学非常重要，但是它缺少理论。[②]当然，这一领域不能产生很多原创的理论，而是借鉴其他心理学分支的

---

① Nelson, J. and B. D. Slife, "Introduction to the Special Issue", *Journal of Psychology and Theology*, 2006, Vol. 34, pp.191−192.

② Hood, R., Jr., P. Hill and B. Spilka, *The Psychology of Religion: An Empirical Approach*, 4 edition, New York: Guilford, 2009; Kirkpatrick, L., *AttacHment, Evolution, and the Psychology of Religion*, New York: Guilford, 2005.

理论模式。因此在科学认识论领域的发现方面非常薄弱。[①]这限制了宗教和精神性心理学对心理学其他部分思想和研究的影响，并且使以研究者著作为基础来提出假设变得困难。

实证自然主义传统中的某些学者认为这些问题可以通过更多使用定性研究方法来克服。然而，实证自然主义在自然方面坚持发现宇宙的规律法则，似乎战胜了真正定性研究方法的优点，因此这不能克服实证自然主义长期以来的弱点。实证自然主义的问题最先由具有智慧和对宗教虔诚的心理学家指出来。这就是当今宗教和精神性心理学中选择实证自然主义之外其他方法的主要原因。

第二节　定量研究

对心理学研究者来说，对宗教主题的研究是一个特殊的挑战。宗教心理学家很早就认识到好的定量研究的重要性，并把它置于首要位置。早在1984年，戈萨奇就宣布以定量研究为主的测量是宗教心理学通行

① O' Connor, K., "Reconsidering the Psychology of Religion: Hermeneutical Approaches in the Contexts of Research and Debate", ed. J. Belzen, *Hermeneutical Approaches in Psychology of Religion*, Amsterdam: Rodopi, 1997, pp.85–108.

的研究范式[①]，这一范式的重要性在于，它有助于建立该学科的科学可信性，事实上，测量手段的成熟度是一个科学研究领域成熟和健康发展的标志。到20世纪90年代末，希尔和胡德确认了超过125种适合于宗教心理学家的测量量表[②]，在过去的近20年里又发展了很多研究工具。因此，在宗教心理学中，已经有大量关于测量的研究文献。

一、宗教和精神性测量的发端及关切

作为一门科学，心理学的地位在很大程度上以其方法论为基础，即科学方法对于研究感兴趣现象的用途。宗教心理学研究与其他一切事物的心理学研究没有什么不同。问题在于，宗教与精神性是极其复杂的现象，以至于它们很难被界定，但在实证研究中有研究工具可以帮助我们进行研究。测量如宗教性或精神性概念的任何尝试，都要求概念按照测量的术语具体说明。当应用到宗教性和精神性时，这样一种“操作性定义”尤为重要。同时，研究者必须考虑宗教与精

---

① Gorsuch, R.L., “Measurement: the Boon and Bane of Investigating Religion”, *American Psychologist*, 1984, Vol. 39, pp.228–236.

② Hill, P. C., and Hood, R. W., Jr., *Measures of religiosity*, Birmingham: Religious Education Press, 1999a.

神体验的不同维度，以帮助决定潜在测量的适宜性。宗教心理学中的大部分测量是自陈式量表，完成这些测量的参与者被要求对设计来评估多种宗教与精神体验的多个项目做出反应。

但是，宗教和精神性方面的实证研究也面临许多挑战，比如，如何一直保持有效的实证工作的科学标准、科学目标，不牺牲研究对象的丰富性与深度，还有，宗教经验不应当被简化、还原成某些特定的心理过程。

二、宗教和精神性测量工具的评定标准

戈萨奇主张评估测量工具的有效性，提出了测量工具评定的四个标准：理论基础、样本代表性和一般化、信度、效度，并且指出了每一个标准从“典型的”到“从来没有或者最差”四个水平。①

（一）理论基础

对一个测量方法理论基础的考量涉及两个标准：（1）量表本身应当具有的理论基础；（2）研究者在研究的时候也应当具有清晰的理论基础。不幸的是，由

① Gorsuch, R. L., “Measurement: The boon and bane of investigating religion”, *American Psychologist*, 1984, Vol. 39, pp.228–236.

于种种原因，比如复杂的多维度建构，宗教或精神性只是作为一种“附加”的变量，缺少持续的研究计划，等等，关于宗教变量的实证研究，包括那些涉及量表编制的研究，通常都缺少坚实的理论基础。

（二）样本代表性和一般化

样本代表性缺乏是比较常见的问题，研究者认识到，例如，测量非基督教的宗教的量表通常样本代表性很差，非西方宗教传统相关的量表相当少。某些相关是微妙的，但是显著，很多宗教的测量很可能反映了基督教的偏见，甚至有的时候并没有明确地被认为是基督教的测量工具。①

那么，理想化地讲，我们本应该有的是清晰地具有广泛代表性的测量方法，既不限于一种宗教传统即将一种宗教的测量代表所有的宗教，也不是一种狭隘的精神性（例如，只有一个维度的定义）。相反的极端是没有代表性样本或者只代表某个狭隘人群的样本（例如，特定教派大学学生或者本地教会学校的成员），这样的样本对于研究目的来说是没有意义的。因此，对于更广泛的研究群体而言，需要考虑两个维度：人

① Heelas, P., “Social Anthropology and the Psychology of Religion”, ed. L. B. Brown, *Advances in the Psychology of Religion*, Oxford: Pergamon Press, 1985, pp. 34–51.

口群体中的样本代表性；人口群体一般化的广度。

（三）信度

信度指测量的一致性，通常按照下述两点来评估：（1）跨越时间的一致性；（2）内部的一致性。当评估测量在一段时间的一致性时，更为人熟知的是“再测信度”。信度系数是接受量表施测的一组个体在两个不同时间（通常至少间隔两周）测验分数的相关系数。作为信度的指标，内部一致性的使用更加常见。多个量表项目拟合越好（统计上由因素分析决定），内部一致性越高。内部一致性最常见的是通过统计上称为克伦巴赫阿尔法系数来测量。该系数的范围从0到1，数值越高，说明内部一致性越大。宗教与精神结构的阿尔法水平在0.8以上更适宜，但通常在0.7左右是可接受的。

（四）效度

量表“效度”（或一个测验测量了它所声称的测量对象的程度）的思考对于良好的测量也是非常重要的。考虑并测量效度有许多不同的方式。例如，我们不能仅仅依靠我们的主观感觉判断量表是否测量了它假定测量的对象（被称作“表面效度”），虽然这样做是有诱惑力的。表面效度易受各种人类偏见的影响，因此在科学上没有意义。“内容效度”指一个代表性样本的范围是否被覆盖。例如，或许你正在从事精神训练的测量工作。如果你的测量问到祈祷、斋戒和什一税，却不强调阅读《圣经》或服务，那么内容效度就是缺乏的，因为整个行为范围没有被包括在你的测量中。“结构效度”考察一个特定的理论结构与一个测量工具之间的一致性，并可能主要依赖于已知的某一结构的内容。“会聚效度”和“判别效度”都是结构效度的细分，可以一起考虑。会聚效度询问的是，这一测量如何有效地反映了同样或类似结构的相似测量呢？判别效度询问的是，这一测量如何与不同结构的测量无关呢？发展新量表的那些人试图尽可能地说明信度和效度，但任何一个单独的测量拥有完美的信度或在刚才讨论的各种效度上都得高分是极不可能的。

需要强调的是，宗教和精神性的测量尤其要考虑文化敏感性。对于研究者而言，尝试着开发一种并不与某些特定宗教传统相联系的精神性测量工具是很平常的。当然，这样的一个测量工具可以用作跨宗教传统的测量，可能对那些认为自己是精神性而非宗教性的人也有测量的价值。这样的进路假定，一种测量可以有效地评估一般精神性经验而非聚焦在独立存在或者与特定传统相联系的功能性事件上，因此可能展示了一种对多元主义的忽略，正如对其他文化的忽略一样。然而，某些宗教或者精神性功能主义的特色很可能在跨传统中被一般化了（并且也许对于精神性而非宗教性的人群来说也是一样的），这些对一般化功能的认同对于这个领域来说是有价值的。

三、宗教和精神性研究主题及测量工具

针对宗教和精神性问题，西方学者也根据不同的研究需要，在实证研究中基于西方的理论和样本开发了很多相关的研究工具，对于西方宗教心理学的发展起到了非常重要的作用。笔者根据研究主题和研究工具的分类，大致整理如下：

（一）宗教和精神性本质的测量

人们的宗教或精神性差异的评估内容非常广泛，途径也多种多样。例如，茨昂和麦可洛夫引用了三种来源并提供证据来支持宗教和精神性广泛特征的存在：（1）宗教性的某些方面在概念上有意义的相关（例如，参加教会的情况，个人宗教实践的参与情况，对宗教重要性的自我评估）；（2）多题目测量中的因子通常是相互关联的，暗含了更高一级的因子；（3）证据表明宗教性是可以部分遗传的。[①]由此可见，宗教和精神性

① Tsang, J. and M. E. McCullough, "Measuring Religious Constructs: A Hierarchical Approach to Construct Organization and Scale Selection", ed. S. J. Lopez and C. R. Snyder, *Positive Psychological Assessment: A Handbook of Models and Measures*, Washington: American Psychological Association, 2003, pp.345–360.

的维度是非常多的，研究者只能根据自己的理解，在操作性定义的基础上进行实证研究，试图发现其某一方面的特征。其他主要的测量工具和相关研究请参考如下：

1.一般的宗教和精神性

神秘主义量表（Mysticism Scale）①

宗教性测量（Religiosity Measure）②

精神超越量表（Spiritual Transcendence Scale）③

精神幸福量表（Spiritual Well-Being Scale）④

2.宗教或精神性委身

宗教信奉维度量表（Dimensions of Religious Commitment Scale）⑤

宗教信奉量表（Religious Commitment Scale）⑥

---

① Hood, R. W., Jr., "The Construction and Preliminary Validation of a Measure of Reported Mystical Experience", *Journal for the Scientific Study of Religion,* 1975, Vol. 14, pp.29–41.

② Rohrbaugh, J., R. Jessor, "Religiosity in Youth: A Personal Control Against Deviant Behavior", *Journal of Personality,* 1975, Vol. 43, pp.136–155.

③ Piedmont, R. L., "Does Spirituality Represent the Sixth Factor of Personality?: Spiritual Transcendence and the Five-Factor Model", *Journal of Personality,* 1999, Vol. 67, pp.985–1013.

④ Paloutzian, R. F., & C. W. Ellison, "Loneliness, Spiritual Well-being, and Quality of Life", ed. L. A. Peplau and D. Perlman, *Loneliness: A Sourcebook of Current Theory, Research and Therapy*, New York: Wiley Interscience, 1982.

⑤ Glock, C. Y., R. Stark, *Christian Beliefs and Anti-Semitism*, New York: Harper & Row, 1966.

⑥ Pfeifer, S., U. Waelty, "Psychopathology and Religious Commitment: A Controlled Study", *Psychopathology,* 1995, Vol. 28, pp.70–77.

宗教信奉调查表（Religious Commitment Inventory-10）[①]

圣克拉拉宗教信仰强度问卷（Santa Clara Strength of Religious Faith Questionnaire）[②]

3.宗教或精神性发展

信仰发展访谈指导（Faith Development Interview Guide）[③]

信仰发展量表（Faith Development Scale）[④]

信仰成熟量表（Faith Maturity Scale）[⑤]

宗教成熟量表（Religious Maturity Scale）[⑥]

---

① Worthington, E. L., Jr., N. G. Wade, T. L. Hight, J. S. Ripley, M. E. McCullough, J. W. Berry, *et al.*, "The Religious Commitment Inventory—10: Development, Refinement, and Validation of Abrief Scale for Research and Counseling", *Journal of Counseling Psychology,* 2003, Vol. 50, pp.84-96.

② Plante, T. G., C. L. Vallaeys, A. C. Sherman, K. A. Wallston, "The Development of a Brief Version of the Santa Clara Strength of Religious Faith Questionnaire", *Pastoral Psychology,* 2002, Vol. 50, pp.359-368.

③ Fowler, J. W., *Stages of Faith: The Psychology of Human Development and the Quest for Meaning*, San Francisco: Harper & Row, 1981.

④ Leak, G. K., A. A. Loucks, P. Bowlin, "Development and Initial Validation of an Objective Measure of Faith Development", *International Journal for the Psychology of Religion,* 1999, Vol. 9, pp.105-124.

⑤ Benson, P. L., M. J. Donahue, J. A. Erickson, "The Faith Maturity Scale: Conceptualization, Measurement, and Empirical Validation", ed. M. L. Lynn and D. O. Moberg, *Research in the Social Scientific Study of Religion*, Greenwich: JAI Press, 1993, Vol. 5, pp. 1-26.

⑥ Leak, G. K., S. B. Fish, "Development and Initial Validation of a Measure of Religious Maturity", *International Journal for the Psychology of Religion,* 1999, Vol. 9, pp.83-103.

精神评估调查表（Spiritual Assessment Inventory）①

4.测量宗教或精神性历史的量表

精神性历史（The Spiritual History）②

精神性历史量表（Spiritual History Scale）③

5.宗教的社会参与

对于教会的态度量表（Attitude Toward the Church Scale）④

对于教会和宗教实践的态度（Attitude Toward Church and Religious Practices）⑤

宗教参与调查表（Religious Involvement Inventory）⑥

6.宗教或精神性的私人实践

---

① Hall, T. W., K. J. Edwards, "The Initial Development and Factor Analysis of the Spiritual Assessment Inventory", *Journal of Psychology and Theology,* 1996, Vol. 24, pp.233–246.

② Maugans, T. A., "The Spiritual History", *Archives of Family Medicine*, 1996, Vol. 5, pp.11–16.

③ Hays, J. C., K. G. Meador, P. S. Branch, L. K. George, "The Spirituality History Scale in Four Dimensions (SHS–4): Validity and Reliability", *The Gerontologist*, 2001, Vol. 41, pp.239–249.

④ Thurstone, L. L., E. J. Chave, *The Measurement of Attitude: A Psychophysical Method and Some Experiments With a Scale for Measuring Attitude Toward the Church*, Chicago: University of Chicago Press, 1929.

⑤ Dynes, R. R., "Church-sect Typology and Socio-economic Status", *American Sociological Review,* 1955, Vol. 20, pp.555–660.

⑥ Hilty, D. M., R. L. Morgan, "Construct Validation for the Religious Involvement Inventory: Replication", *Journal for the Scientific Study of Religion,* 1985, Vol. 24, pp.75–86.

佛教信仰与实践量表（Buddhist Beliefs and Practices Scale）①

宗教背景与行为（Religious Background and Behavior）②

祈祷类型量表（Exploring Types of Prayer and Quality of Life Research）③

7.规范与协调关系的宗教/精神性

宽恕量表（Forgiveness Scale）④

宽恕倾向量表（Tendency to Forgive Measure）⑤

与犯罪有关的人际动机调查表（Transgression-Related Interpersonal Motivations Inventory）⑥

---

① Emavardhana, T., C. D. Tori, "Changes in Self-Concept, Ego Defense Mechanisms, and Religiosity Following Seven-day Vipassana Meditation Retreats", *Journal for the Scientific Study of Religion,* 1997, Vol. 36, pp.194–206.

② Connors, G. J., J. S. Tonigan, W. R. Miller, "A Measure of Religious Background and Behavior for Use in Behavior Change Research", *Psychology of Addictive Behaviors,* 1996, Vol. 10, pp.90–96.

③ Poloma, M. M., B. F. Pendleton, "Exploring Types of Prayer and Quality of Life Research: A Research Note", *Review of Religious Research,* 1989, Vol. 31, pp.46–53.

④ Brown, S. W., R. L. Gorsuch, C. H. Rosik, C. R. Ridley, "The Development of a Scale to Measure Forgiveness", *Journal of Psychology and Christianity,* 2001, Vol. 20, pp.40–52.

⑤ Brown, R. P., "Measuring Individual Differences in the Tendency to Forgive: Construct Validity and Links With Depression", *Personality and Social Psychology Bulletin,* 2003, Vol. 29, pp.759–771.

⑥ McCullough, M. E., K. C. Rachal, S. J. Sandage, E. L. Worthington, S. W. Brown, T. Hight, "Interpersonal Forgiving in Close Relationships: II. Theoretical elaboration and Measurement", *Journal of Personality and Social Psychology,* 1998, Vol. 75, pp.1586–1603.

（二）宗教和精神性功能的测量

理解一个人的宗教或精神性生活是如何经历的多样性对于宗教心理学来说通常是至关重要的事情，尤其是当人们试图揭开宗教与某些其他现象相联系的机制的时候。例如，在讨论宗教与身体和心理健康关系的时候，希尔和帕戈门特认为近来在宗教的概念和测量上的进展可能在功能上是相关的：感知到与上帝的亲近；把宗教和精神性作为倾向性或动机的力量；宗教支持和宗教或精神性的挣扎。[①]其他测量工具和相关研究请参考如下：

1.宗教动机/取向

内在-外在量表（Intrinsic-Extrinsic Scale-Revised）[②]

探求量表（Quest Scale）[③]

宗教取向量表（Religious Orientation Scale）[④]

---

① Hill, P. C., K. I. Pargament, "Advances in the Conceptualization and Measurement of Religion and Spirituality", *American Psychologist*, 2003, Vol. 58, pp.64–74.

② Gorsuch, R. L., S. E. McPherson, "Intrinsic/Extrinsic Measurement: I/E-revised and Singleitem Scales", *Journal for the Scientific Study of Religion*, 1989, Vol. 28, pp.348–354.

③ Batson, C. D., P. Schoenrade, W. L. Ventis, *Religion and the Individual: A Social-Psychological Perspective*, New York: Oxford University Press, 1993.

④ Allport, G. W., J. M. Ross, "Personal Religious Orientation and Prejudice", *Journal of Personality and Social Psychology*, 1967, Vol. 5, pp.432–443.

宗教内在化量表（Religious Internalization Scale）①

2.作为意义和价值观来源的宗教和精神性

基督徒正统量表（Christian Orthodoxy Scale）②

基督徒信仰的爱与罪取向维度（Love and Guilt Oriented Dimensions of Christian Belief）③

慈爱与控制的上帝量表（Loving and Controlling God Scale）④

宗教的原教旨主义量表（Religious Fundamentalism Scale）⑤

精神信仰调查表（Spiritual Belief Inventory）⑥

---

① Ryan, R. M., S. Rigby, K. King, "Two Types of Religious Internalization and Their Relations to Religious Orientations and Mental Health", *Journal of Personality and Social Psychology,* 1993, Vol. 65, pp.586–596.

② Fullerton, J. T., B. A. Hunsberger, "Unidimensional Measure of Christian Orthodoxy", *Journal for the Scientific Study of Religion,* 1982, Vol. 21, pp.317–326.

③ McConahay, J. B., J. C. Hough, Jr., "Love and Guilt-Oriented Dimensions of Christian Belief", *Journal for the Scientific Study of Religion,* 1973, Vol. 12, pp.53–64.

④ Benson, P. L., B. Spilka, "God Image as a Function of Self-Esteem and Locus of Control", *Journal for the Scientific Study of Religion,* 1973, Vol. 13, pp.297–310.

⑤ Altemeyer, B., B. Hunsberger, "Authoritarianism, Religious Fundamentalism, Quest, and Prejudice", *International Journal for the Psychology of Religion,* 1992, Vol. 2, pp.113–133.

⑥ Holland, J. C., K. M. Kash, S. Passik, M. K. Gronert, A. Sison, M. Lederberg, et al., "A Brief Spiritual Beliefs Inventory for Use in Quality of Life Research in Life-threatening Illness", *Psycho-oncology,* 1998, Vol. 7, pp.460–469.

精神信仰量表（Spiritual Belief Scale）[①]

3.宗教和精神性支持

宗教压力量表（Religious Pressures Scale）[②]

宗教支持（Religious Support）[③]

宗教支持量表（Religious Support Scale）[④]

4.宗教和精神性经验

日常精神体验量表（Daily Spiritual Experiences Scale）[⑤]

核心精神体验指数（Index of Core Spiritual Experiences）[⑥]

宗教经验片段测量（Religious Experiences Episode Measure）[⑦]

---

① Schaler, J. A., "Spiritual Thinking in Addiction-Treatment Providers: The Spiritual Belief Scale", *Alcoholism Treatment Quarterly*, 1996, Vol. 14, No. 3, pp.7–33.

② Altemeyer, B., *Enemies of Freedom: Understanding Right-Wing Authoritarianism*, San Francisco: Jossey-Bass, 1988.

③ Clouse, B., "Religious Experience, Religious Belief and Moral Development of Students at a State University", *Journal of Psychology and Christianity*, 1991, Vol. 10, pp.337–349.

④ Fiala, W. E., J. P. Bjorck, R. L. Gorsuch, "The Religious Support Scale: Construction, Validation, and Cross-Validation", *American Journal of Community Psychology*, 2002, Vol. 30, pp.761–786.

⑤ Underwood, L. G., "Daily Spiritual Experiences", *Multidimensional Measurement of Religiousness/ Spirituality for Use in Health Research: A Report of the Fetzer Institute/National Institute of Aging Working Group*, Kalamazoo: Fetzer Institute, 1999, pp. 11–17.

⑥ Kass, J. D., R. Friedman, J. Leserman, P. C. Zuttermeister, H. Benson, "Health Outcomes and a New Index of Spiritual Experience", *Journal for the Scientific Study of Religion*, 1991, Vol. 30, pp. 203–211.

⑦ Hood, R. W., Jr., "Religious Orientation and the Report of Religious Experience," *Journal for the Scientific Study of Religion*, 1970, Vol. 9, pp. 285–291.

宗教张力（Religious Strain）[1]

精神体验指数（Spiritual Experience Index-Revised）[2]

精神取向调查表（Spiritual Orientation Inventory）[3]

5.宗教应对

美国心理学家帕戈门特的宗教应对理论（religious coping theory）[4]是宗教心理学近年来较为有影响力的新理论之一。帕戈门特将心理学的应对理论应用到宗教学研究中，对很多宗教心理现象都有一定的解释力。帕戈门特认为，当面临现实中的压力事件时，人们会使用各种资源来帮助他们面对和渡过难关——宗教正是资源的一种。在理论意义上而言，作为一种应对资源，宗教编织在人的各种心理活动之中——它呈现出一种动态的变化和影响力，而不是超然的目标。在实际层面而言，实证研究结果显示宗教应对方式对信徒

---

① Exline, J. J., A. M. Yali, W. C. Sanderson, "Guilt, Discord, and Alienation: The role of Religious Strain in Depression and Suicidality", *Journal of Clinical Psychology,* 2000, Vol. 56, pp.1481–1496.

② Genia, V., "The Spiritual Experience Index: Revision and Reformulation", *Review of Religious Research,* 1997, Vol. 38, pp.344–361.

③ Elkins, D. N., L. J. Hedstrom, L. L. Hughes, J. A. Leaf, C. Saunders, "Toward a Humanistic–Phenomenological Spirituality", *Journal of Humanistic Psychology,* 1988, Vol. 28, pp.5–18.

④ Pargament, K. I., "God Help Me: Toward a Theoretical Framework of Coping for the Psychology of Religion," *Research in the Social Scientific Study of Religion,* 1990, Vol. 2, pp.195–224.

心理健康有一定的正面效果。其测量工具主要有以下四个：

无差别亲宗教量表（Indiscriminate Proreligious Scale）①

宗教应对方式量表（Religious Problem-Solving Scale）②

宗教应对行为量表（Religious Coping Activities Scale）③

宗教应对问卷（Religious Coping Questionnaire）④

（三）宗教和精神性主题相关的多维度测量

很多测量试图触及宗教或精神性经验的多维度性。费策尔研究所/老年工作国家研究所已经编制了38个题目的宗教和精神性多维度测量工具，其中涉及10个概

① Pargament, K. I., M. T. Brannick, H. Adamkos, D. S. Ensing, M. L. Klemen, R. K. Warren, K. Falgout, P. Cook, J. Myers, "Indiscriminate Proreligiousness: Conceptualization and Measurement", *Journal for the Scientific Study of Religion*, 1987, Vol. 26, pp.182–200.

② Pargament, K. I., J. Kennell, W. Hathaway, N. Grevengoed, J. Newman, W. Jones, "Religion and the Problem-solving Process: Three Styles of Coping", *Journal for the Scientific Study of Religion*, 1988, Vol. 27, pp.90–104.

③ Pargament, K. I. , D. S. Ensing, K. Falgout, H. Olsen, B. Reilly, Van K. Haitsma, R. Warren, "God Help Me: (I) : Religious Coping Efforts as Predictors of the Outcome to Significant Negative Life Events", *American Journal of Community Psychology*, 1990, Vol. 18, pp.793–824.

④ Pargament, K. I., H. G. Koenig, L. M. Perez, "The Many Methods of Religious Coping: Development and Initial Validation of the RCOPE", *Journal of Clinical Psychology*, 2000, Vol. 56, pp.519–543.

念领域。这一测量工具以1997年至1998年社会科学国家数据项目随机调查的总体社会调查问卷（GSS）为基础。最初的心理测量学分析了总体社会调查问卷的数据，“支持该测量的理论基础，表明它具有充分的信度和效度，足以促进进一步的研究”。[①]如果需要一个关于宗教和精神性的一般的、多维度的测量工具，那么这一测量工具很显然是值得考虑的。

四、小结

随着戈萨奇有影响力的论文发表，针对宗教和精神性的科学研究越来越多，学者们的兴趣逐渐提升，并且乐此不疲，促使测量方法在宗教和精神性研究领域的进一步传播。在西方学者看来，宗教和精神性的科学研究中的测量范式已经相当成功，针对宗教和精神性变量的复杂性和概念的易混淆性，现在已经有了足够的测量工具，近几十年的发展的确令人印象深刻，直到如今，西方宗教心理学领域仍然是定量研究占绝对主流。

然而，埃蒙斯等认为，现在宗教心理学正进入一

① Fetzer Institute/National Institute of Aging Working Group, *Multidimensional Measurement of Religiousness/Spirituality for Use in Health Research: A report of the Fetzer Institute/ National Institute on Aging Working Group*, Kalamazoo: John E. Fetzer Institute, 1999.

个所谓的多层次、跨学科的范式，“在对涉及宗教和精神性现象价值进行非还原性假设的时候，应该在多层次分析的基础上认识到数据的价值”。[①]事实上，埃蒙斯等已经指出了当代宗教和精神性研究的趋势，正确地指出这一点是价值和技术的主要关键所在。

第三节　定性研究

宗教和精神性问题比较复杂，内涵丰富多样。尽管某些主题，比如参加教会的人/次数，可以轻易地进行量化研究，但是其他主题，如参加教会的人/次数对参加者来说意味着什么，显然更加复杂，通常不能进行计量。这种复杂性也阻止了西方心理学家对这些含义进行计量的努力。然而，近年定性方法的出现表明对上述意义可以用更加丰富、更加深入的方法来进行研究。在数据的定性与定量分析之间可以做出一种类似的区分。定性处理可包括使学者能揭示信息意义并引出结论性的、或多或少带有主观性的评论。采用定量分析的研究者使用诸如平均数、标准差、显著性水平和相关系数等统计方

① Emmons, R. A., R. F. Paloutzian, “The Psychology of Religion.”, *Annual Review of Psychology*, 2003, Vol. 54, pp.377–402.

法，以便引出结论。事实上，定量和定性方法使很多研究者意识到某些方法适合于某些现象而不适用于其他现象，然而这些方法选择的应用导向就变得势在必行了。

一、宗教和精神性定性研究的起源和发展

定性研究是与定量研究相对的概念，也称质化研究。定性研究以描述和解释为主，而不是将重点放在验证假设、提出政策性建议和预测上。这种倾向在很大程度上是对20世纪60年代末以前社会科学界占统治地位的实证主义方法论的一种逆向发展，但它也是社会科学领域的一种基本研究范式，是科学研究的重要步骤和方法之一。

一提起现代科学心理学的奠基者冯特，大家自然会想到他建立了第一个心理学实验室，促进了科学心理学的诞生，而忽略了他在10卷本的《民族心理学》中开展的定性研究。冯特论述了心理学与哲学的紧密联系，他将心理学界定为人文科学，认为物理学和生理学是其重要辅助，作为一门解释学科，心理学是其他精神科学如历史学和社会学的基础。冯特认为定性研究对心理学至关重要，是对实验心理学的必要补充，他同时强调了定性研究对宗教、道德、神话、语言、表达、想象、艺术等领域的重要性。在冯特的自传中，

他将自己对民族心理学的研究视为最满意的工作。精神分析的创始者弗洛伊德将精神分析视为一种新的科学研究方法，使用了大量的定性资料与分析程序，采用多种方法收集资料，整合了自然观察、经验描述、逸闻趣事、面谈等方法，使用了广泛的档案资料如书信、手稿、自传等，对当代的定性研究实践与方法论做出了重要贡献。此外，很多宗教心理学方面卓有建树的大师都在定性研究方面有很多独特的探索，如荣格、阿德勒、埃里克森、马斯洛等。

20世纪70年代以来，社会科学家们越来越意识到定量方法的局限性，开始重新对定性方法进行发掘和充实，并寻找两者之间相互补充、相得益彰的结合点。社会科学研究的实践表明，定量方法可以在宏观层面上进行大规模的社会调查和政策预测，但不利于在自然情境下对微观层面进行细致、深入、动态的描述和分析。定量研究者从自己事先设定的假设入手，很难了解被研究者的心理状态和意义建构，也很难对研究者自己不熟悉的现象进行调查。此外，定量的方法不仅将复杂流动的社会现象简单地数量化、凝固化，而且忽略研究者以及研究者和被研究者的关系对研究过程和结果的影响。近几十年来，在对以实证主义为理论基础的定量研究提出质疑的同时，定性研究自身逐步发展壮大起来。[①]

二、宗教和精神性定性研究的方法

定性研究的方法大致包括文献法、访谈法、观察法、民族志、焦点团体讨论、历史分析法、叙事分析、个案研究、经验描述法、阐释学-现象学方法、扎根理论、行动研究、临床研究以及多元整合方法等。笔者在此仅将有特点、有代表性的方法介绍如下：

（一）阐释学-现象学方法

宗教心理学中的主要研究集中在对个体宗教经验的阐释上，阐释学是阐释的研究，现象学是经验的调查，把这一方法称之为阐释学-现象学的研究是合适的。阐释学-现象学计划的目标是从研究主体的角度来理解宗教实践和经验。该计划的科学实践有两个主要方面：（1）实证任务，收集关于人们的经验和实践的信息，还有对这些信息的解释；（2）理论任务，以一种有意义的方式来组织信息，有助于加深理解。

阐释学-现象学方法对宗教和精神性心理学中的研究计划来说有很多引人注目的特点，它提供了理解影响科学假设的著作的框架，帮助理解科学方法假设

① 陈向明：《社会科学中的定性研究方法》，《中国社会科学》1996年第6期。

的含义，对理解人类经验中的独特方面很有帮助。阐释学–现象学方法使用实证方法，在科学认识论领域中的发现部分逐渐增强，集中在个体生动的生活经验以及意义的找寻，这样使得测量技术及其建构具有更高的效度。

（二）扎根理论（grounded theory）

扎根理论发轫于巴尼·格拉泽等所写的《扎根理论的发现》[①]一书，作者将扎根理论解释为一种为了建构社会学理论而采用的系统的、归纳的、重复的、比较的数据分析方法。扎根理论是一套系统而富有弹性的方法，是从研究者自己收集的第一手资料中构建理论[②]，强调数据分析，重视即刻的数据收集与分析，使用比较的方法，为理论建构提供了工具。目前，它已经成为一种综合性的分析方法，包含了几种关键策略，尤其是编码、译码与写备忘录，已经成为一般的定性研究必不可少的组成部分。扎根理论的译码意思是速记便签将一些数据资料分离开来并界定其内涵，编码源自研究者与数据资料的互动，扎根理论家利用编码

---

① Glaser, Barney and Anselm Strauss, *The Discovery of Grounded Theory: Strategies for Qualitative Research*, Chicago: Aldine, 1967.

② 参见Strauss, Anselm and Juliet Corbin, *Basics of Qualitative Research: Grounded Theory Procedures and Techniques*, Thousand Oaks: Sage Publications, 1990.

将数据进行概括、综合、分类，同时也将编码作为概念工具，分解数据、界定过程、比较数据。写备忘录是分析的关键性中间阶段，用此记录暂定研究范畴的性质、范畴明确的条件、范畴如何解释数据以及编码与范畴之间的比较。

（三）结合民族志的心理研究

民族志的研究在心理学的研究中不是很常用的方法，但对于看重定性研究的学者而言，这是一项神圣的事业，其最终的产出也是非常有震撼力的。例如，拉夫·胡德教授对于美国的本土宗教——阿巴拉契亚地区的现代基督徒拿蛇者们的研究是基于他本人长达20年之久的追踪研究，他运用解释学和现象学相结合的方法对该地区基督教信仰者的拿蛇行为进行研究后认为，阿巴拉契亚地区宗教的特点是宗教信仰的自治，该地区基督教信仰者拿蛇行为源自所谓圣灵的宗教体验，而这种体验常被称作“受膏”。在对于阿巴拉契亚拿蛇者相关的一系列研究中，拉夫·胡德研究了那些拿蛇者拿蛇的经验，拿蛇者音乐的特点，即兴的讲道和濒死体验。[①]总体而言，这也是一种民族志的研究方

---

① Ralph W. Hood, Jr.:《阿巴拉契亚当代拿蛇者中传统与变革的冲突》，徐红红、奇巍译，《宗教心理学（第二辑）》，社会科学文献出版社2014年版。

法，能够给其他文化的本土宗教研究提供一些借鉴意义。

（四）个案研究

个案研究是一种研究社会现象的方法，是透过单独个案而进行的完全彻底的分析过程。个案也许是一个人、一个群体、一个插曲、一个过程、一个小区、一个社会，或任何社会生活的其他单位。关于这个个案的所有资料都被搜集，所有有价值的东西都被组织起来。个案研究的方法借由使单独个案的多种事实产生内在相关，让研究的数据有一种单一性质，它也提供一个机会去透彻地分析许多其他方法时常略过的特殊细节。[①]个案可简单可复杂，并且可大可小。

此外，还有传记研究（biographical study）、叙事研究（narrative inquiry）、行动研究（action research）等都是非常重要的定性研究方法。

第四节　方法论批判及反思

长期以来，西方宗教心理学研究以实证研究为主

① Theodorson & Theodorson, “A Modern Dictionary of Sociology”, *British Journal of Sociology*, 1969, Vol. 3, No. 2.

要取向，这与心理学的科学本质相一致。从宗教心理学学科产生以来，以冯特建立的科学实验室为标志，“科学”的取向是心理学界引以为傲的。西方宗教心理学发展至今，实证研究依然占主流，并且也能为宗教文化现象的研究提供明确量化的数据，验证相关的理论假设。以实验、统计、分析等客观手段为主的科学的实证研究具有如此强劲的生命力，这足以证明它是非常有效的研究方法，作为心理学分支学科的宗教心理学还要明确地坚持实证研究的方向。

然而，心理学在实证主义自然科学观的统摄下，一味追求超历史、超时空、超文化的具有普遍意义的科学模式，坚持“价值中立”，而贬斥以经验、理解、解释为主的现象学研究，因此一度被贴上奇怪的、反常的标签，而以科学实证研究为主的西方宗教心理学尤其备受诟病。

第一，实证主义心理学秉承其自诩的科学哲学，崇尚的是狭隘的经验主义科学观。实证主义科学观无视宗教心理活动具有自然和社会的双重属性，无视心理学具有自然科学与人文科学的跨界性质，过分强调心理活动的自然特征，一味追求心理活动的自然化倾向，企图把心理学建设成为纯粹的实证科学。但心理学研究从过程到结果都因被试者在认识过程、情感过程、意志过程、个性思想等方面的“实际不可控”，而难以保证心理学的自然科学性质，心理学实验的科学性遭到了普遍的怀疑。

第二，实证主义影响下的宗教心理学越来越远离人类生活的现实。心理学的一些研究成果因人类个性、思想 、态度、情感、意志、世界观、价值观等无法进行实验操纵，进而明显剥离了人类的人性化特点，严重隔离了人类心理与现实生活的密切关系，将人类心理活动降格为物理或化学式的基本要素（构造主义）、类似动物的心理与行为（行为主义），或者类比为计算机信息加工或神经网络机能（现代认知学派）等，实证主义影响下的宗教心理学并不是人类富有人性的活生生的充满精神性的心理学。尼尔森曾指出，西方心理学家在研究宗教的时候往往使用如下三种范式：诠释现象学、实证自然主义、宗教整合。每种范式都有很多理论假设，还有一套具有不同优点和缺点的方法论。其中，强调数量调查方法论的实证自然主义范式是最有影响的，但是对从心理学角度理解宗教来说也是最没有帮助的，尤其是在非西方处境下。[①]

---

① 〔美〕吉姆·尼尔森:《西方宗教心理学的历史：理论和方法》,《世界宗教文化》2011年第1期。

第三，作为追求普遍性规律的（宗教）心理学，其研究的被试取样集中在西方的（West）、教育程度高的（Educated）、工业化的（Industrialized）、富裕的（Rich）、发达的（Developed）国家和地区，其样本的代表性受到大量的质疑，西方学者自己反思称其为“奇怪的”（WEIRD）现象。[①]于是，西方学者率先开始了跨文化的心理学比较研究，将西方的研究工具应用到非西方的样本中，并加以适当的修订，然而宗教问题的复杂性和文化差异的鸿沟很难通过这样的修正而逾越。近年来，西方心理学界以批判WEIRD为标志，越来越多的学者开始意识到在实证研究中充分考虑宗教文化处境的重要性。

宗教心理学作为一门新兴学科所利用的心理学研究是西方式的，其反映的资本主义、工业化、个人主义和多元文化等内容在其他文化中并不一定常见，这是值得注意的。纵观世界各地的文化，与科学观察和测量相比，心理学知识更多地源自当地本土的宗教/文化传统，需要在这一认知的基础上深入考察文化心理

---

① Muthukrishna, Michael, A. Bell, *et al.*, “Beyond WEIRD Psychology: Measuring and Mapping Scales of Cultural and Psychological Distance”, *SSRN Electronic Journal*, 2018.

学如何与宗教彼此交互影响，只有这样，宗教心理学才能更好地反映不同文化的丰富多彩，并从中找到宗教心理的共同现象和普遍规律。在方法的取舍问题上，西方宗教文化心理学研究者提出，要跳出唯实证主义的窠臼，坚决避免“方法论中心主义”，根据研究问题和宗教文化处境来选取最适合的研究方法，针对宗教现象的实证研究要充分考虑不同文化处境，在继续重视量化研究有效性的同时一定要辅之以适当的质性研究方法，尤其要重视诠释现象学等质性的研究方法。

值得一提的是，鉴于对宗教心理现象的研究关涉价值观和立场问题，宗教心理学的研究者需要更加重视代表质性研究发展趋势的行动研究[①]，适当注重学术研究的行动功能，即宗教心理学的学术研究对被研究者的实际意义，以及引入实际工作者参与研究的可能性，重视研究者个人的反思，将研究的结果应用于对制度和行为的改变上。

近百年来，该学科在中国仍处于以引进和介绍西方宗教心理学流派为主的“拿来”阶段，本土实证研究较少，“为我所用”之风气尚待形成。

---

① 陈向明:《质的研究方法与社会科学研究》，教育科学出版社2003年版，第447页。

虽然在西方宗教心理学研究中，实证研究在可见的未来还是主流，但是宗教心理现象往往很难简单量化，研究方法的多样化整合一定是未来的研究方向，历史研究、叙事研究、行动研究等方法，必将得到足够重视。对于中国的宗教心理学来说，选用什么研究方法最适合，一定要结合中国宗教的实际情况。宗教心理学研究必定要采用多样化整合的研究方法。对于制度性的宗教的心理学而言，使用问卷调查加统计工具对客观的、可观察的宗教现象进行实证研究是非常有用的。比如宗教场所、参加聚会的次数等宗教现象比较容易量化，在样本足够大的情况下，也可以使用统计工具来考察变量与变量之间的关系，建构一定的模型来说明一定的问题。然而，对于更重要、更根本的个人的宗教而言，通过注重现象描述的历史研究、叙事研究、行动研究等质性研究，能够更准确、更清晰地反映和揭示宗教现象的心理根源和作用。例如上述的宗教现象对于参加者来说到底意味着什么，信仰的历程是怎样的，等等，可能只有通过对本人的进一步了解、通过面谈和参与者观察等方法来发现。当然，除了上述两种主要的方法论取向，哲学辩证、形而上学等取向的方法也可以为我所用，“法无定法”，研究方法的多样化整合会是未来的趋势。

第五节　宗教心理的文化维度[①]

宗教是一种复杂的文化心理现象，科学心理学的出现为探究人们的宗教信仰提供了一种可能的科学路径，它从科学角度寻找人类宗教信仰的普遍规律，对人类复杂的宗教信仰与心理机制之间的交互作用进行研究和探索，为人类的宗教信仰提供科学心理学的阐释。随着认知心理学的发展，心理学也越来越向着神经生物科学、脑科学、计算机人工智能科学方向发展，宗教心理学在科学实证主义的基础上探讨人们宗教信仰的神经生理机制方面也取得了一定的进展。

但宗教是人类文化发展到一定历史阶段的产物，人类所有的精神现象都需要在特定的文化历史背景中加以理解和阐释，忽略人类是文化个体的事实，也难以完成对人类复杂的宗教心理现象之终极意义和本体论价值的科学考量。近年来，随着跨文化心理学、本土心理学、文化心理学等学科理念的演进，宗教作为文化的面向越来越受到重视和强调，而西方实证主义传统在宗教现象和问题的阐释上也存在着一定的缺

---

① 本节内容参见本人已发表的文章，梁恒豪:《正视宗教心理的“文化”维度》,《世界宗教文化》2021年第5期。

陷和不足，宗教文化心理学（Cultural Psychology of Religion）逐渐成为宗教心理学发展的一个新的方向。

一、西方宗教心理学的“文化”基因及发展

早期宗教心理学有人文取向的心理学研究与科学取向的心理学研究两种进路并行发展。一方面，产生了诸如冯特、詹姆斯、弗洛伊德、荣格、马斯洛等大师级的宗教心理学家；另一方面，西方主流心理学更多地关注宗教的神经生理机制、个体与宗教有关的体验、活动、行为、情感和思维以及宗教人格特质等方面的内容，而宗教作为人类的历史文化属性往往被排除在外，直到如今，严格遵循科学的理路和方法研究宗教仍然占据主流，这可能与心理学学科一诞生就追求的“科学”取向密切相关。

从科学心理学诞生以来，传统流派的著名宗教心理学家如冯特、詹姆斯、弗洛伊德、阿德勒、荣格、马斯洛、弗兰克尔等人在看待宗教问题的时候都十分强调文化的因素，给宗教心理学留下了很多有分量的著作，在心理学界也逐渐形成了各自的理论流派，提出了很多相当有影响力的概念和理论范畴，研究阐释他们的宗教心理学思想的著述已有很多，在某种意义上也可以称为宗教文化心理学进路，与宗教心理学的

实证研究倾向并行不悖。

接续精神分析和人本主义重视宗教文化维度的传统，超个人心理学展示了宗教和精神性作为文化在心理学领域回归的力量，在理论和实践层面再次凸显了作为个体和社会文化属性的宗教和精神性对个体和社会心理不容小觑的影响，启示我们要重新看待宗教和精神性在塑造人类精神和心理过程中的作用。例如，超个人心理学的代表人物之一格罗夫在其著作中指出，心身疾病、精神异常、死亡体验和世界末日等非常态意识状态越来越受到精神病学家和心理治疗学家的关注。[①]通过致力于意识问题研究和自我探索，他参加世界各民族文化的宗教仪式，接触了北美、墨西哥和南美的萨满，还广泛接触了各种精神训练派别如静修、禅宗、瓦尔基雷纳佛教、印度教瑜伽、密教和天主教本笃会的代表，考察了非常态意识及其在人们的宗教仪式、精神和人类文化生活中所扮演的角色，逐渐发展出了名为全回归呼吸法（Holotropic Breathwork）的心理治疗和自我探索方法，帮助很多人渡过了精神心理危机。

---

① 〔美〕格罗夫：《非常态心理学：现代意识研究的启迪》，刘毅等译，云南人民出版社2003年版。

由此可见，宗教和精神性是贯穿在心理学发展始终的一条“文化脉络”，彰显了宗教和精神性的心理意蕴，同时也关乎心理学的人文关怀，对个体和社会心理的发展具有不容忽视的重要意义。

二、从“一”到“多”的跨越

跨文化心理学是20世纪60年代兴起于西方的一种心理学研究理念，它旨在跳出心理学研究过程中单一文化取样的窠臼，主张以两种以上的文化资料为基础，研究不同文化背景下人的心理的共同性、差异性，以及社会文化特点对心理产生的影响。它致力于检验已有的理论和发展具有普世性的心理学，同时也探讨特定文化下所形成的特定的心理特征和行为表现。有西方学者在自我反思的基础上指出，宗教应充分融入跨文化研究并分析其背后的逻辑:（1）宗教在不同文化处境下的人们生活中占有重要地位;（2）宗教因素对于个人的生活领域具有很强的预测作用;（3）在世界各地，在跨文化的维度上，宗教的影响不容小觑;（4）文化也影响和塑造宗教信仰和习俗。[①]有中国学者

① Tarakeshwar, N., J. Stanton and K. I. Pargament, “Religion: An Overlooked Dimension in Cross-Cultural Psychology”, *Journal of Cross-Cultural Psychology*, 2003, Vol. 34, No. 4, pp.377–394.

也提出，跨文化心理学的文化概念具有适合于心理学的可操作性特点。跨文化心理学的文化概念包括识别符号、行为背景、刺激变量这三种功能及其派生的多种含义，而文化体现为社会刺激变量和人的心理行为反应的原发性与继发性过程的交流互动模式。[①]近年来，跨文化心理学的相关论文和专著不断涌现，研究者自觉地将心理变量与不同文化相关联，考察其跨文化的适应性，在文化维度上实现了从“一”到“多”的跨越，相关研究成果也越来越丰富。

三、从“外”到“内”的文化回归

希勒斯《本土心理学》一书的出版实质上是西方非中心国家心理学对美国中心主义霸权心理学的强烈不满和冲击，这种反叛的情绪也影响到亚非拉等国。近20年来，来自亚非拉等第三世界国家的心理学正逐步向美国心理学的中心地位发出挑战，并掀起一场摆脱西方心理学殖民化统治的心理学的本土化运动。希勒斯认为，探讨和研究本土心理学是近年来西方心理学中异军突起的一种趋势，这被称为“科学心理学中

① 王宏印：《跨文化心理学的文化概念与文化观点》，《陕西师大学报（哲学社会科学版）》1994年第3期。

的‘回归革命’”，即从科学的实证主义回归到不同国家的文化处境。[①]中国心理学本土化在民国时期被提出，并且逐渐成为热门话题。早在20世纪20年代，中国的心理学就曾提出过心理学应中国化的思想，但真正大规模的心理学本土化运动则开始于20世纪70年代末80年代初。1980年，学者召开了名为“社会及行为科学研究的中国化”的多学科研究会，会上杨国枢教授作了题为《心理学研究的中国化：层次与方向》的报告，一般认为杨教授此文揭开了中国心理学本土化的序幕。本土心理学重视诠释性、叙事性的方法，有学者认为这种方法更能够引领本土心理学解读本土宗教[②]，在民俗学或族群-宗教叙事中都可以找到本土心理学的踪影，可见本土心理学对于我们去理解在某个特定文化或亚文化中实践的宗教是至关重要的。

四、“文化”维度成就一种学科新范式

宗教文化心理学的理论范式重视（跨文化）宗教文化处境因素，试图对人类复杂的宗教现象进行文化

---

① Heelas, Paul, Andrew Lock (eds.), *Indigenous Psychologies: The Anthropology of the Self*, San Diego: Academic Press, 1981.

② Geertz, C., *Local knowledge: Further Essays in Interpretive Anthropology*, New York: Basic Books, 1983.

心理学的研究，特别是对引起、促进和构成人类的主观性和精神功能的文化机制进行探索，关注历史和文化因素对心理现象的影响和制约，其价值在于找寻一个特定的宗教是如何建构、参与和制约个体心理机制，从而影响个体生命，能够找寻宗教行为背后的意义和动机，并试图发现这些意义和动机对个人宗教心理机制构成的影响，从而成为考察人类复杂宗教现象的重要方法论取向。近年来，该范式得到了西方宗教心理学研究学者的重视，越来越成为学界努力的方向。其中，比较有代表性的著作有：贝尔曾的《宗教的文化心理学进路》和吕坤维的《理解中国文化中的情绪》等。

2010年，贝尔曾的新书《宗教的文化心理学进路》[①]在西方宗教心理学界产生了很大的影响，在学科范式的意义上重新唤起了学界对建立什么样的宗教心理学学科的思考，具体表现如下：

1.回归文化的考量

作为在国际宗教心理学会具有深远影响的学者，贝尔曾反思了西方宗教心理学100多年的发展，重新从原理、方法和应用层面思考、探讨和建构宗教的文化

---

① Belzen, Jacob A., *Towards Cultural Psychology of Religion: Principles, Approaches, Application*, New York: Springer, 2010.

心理学进路，在某种意义上是一种对宗教作为文化的回归性呼吁。宗教文化心理学结合历史知识来解释宗教体验，其理论分类立足于使用相同特定文化语言的人群，这些人享有共同的宗教语言、行为和体验，其所在的文化如何激发、调控人们的行为，以及哪些行为被视为信徒的标志等。宗教文化心理学的工作是分析研究那些在宗教或精神性运作过程中发生的心理和行为变化，以及在特定文化情境下这些变化的发生发展过程，而个体心理过程，例如思考、感受和表达本质上都是文化性的，也将在宗教体验中得以体现。他指出，宗教的心理学研究最好以文化心理学视角为指导，应从规范的文化心理学角度来阐释宗教，并且要把这一领域整合到宗教心理学之中。[①]

2.加入历史维度的探讨

在回归文化的基础上，贝尔曾还呼吁在心理研究的工作目标中，要加强对历史文化方面的理解和探究。文化心理学的研究目标是历史主体，对此他说道："一个人与其文化的关系，说到底不是自然的关系，而是历史的关系。"[②]贝尔曾指出，历史心理学承认心理学生

① Belzen, Jacob A., *Towards Cultural Psychology of Religion: Principles, Approaches, Application*, New York: Springer, 2010, p. 28.

② Belzen, Jacob A., *Towards Cultural Psychology of Religion: Principles, Approaches, Application*, New York: Springer, 2010, p. 28.

成于特定的历史背景之中，即现代历史。同时，历史心理学排除了一种假设，即不同时间、空间中的个体在本质上都是相同的。因而若心理学是历史性的，那么在某个时期、某个地方发生的个体事件就不能概括推广到其他所有人之上，这一点对宗教心理学也同样适用。他还强调了阐释学、跨学科的方法，提倡宗教的人文科学心理学研究进路，从历史的和文化的视角切入，探讨了宗教的文化心理学进路的特点，然后从研究客体的争论等问题出发指出宗教的文化心理学进路的发展图景。

3.探究不同文化中的个体经验

宗教文化心理学既包括文化也包括个体对宗教的经验，贝尔曾认为心理学是一门独立的学科，有其自身的理论、方法及发现，作为一种有用的工具，它能够帮助我们理解人类的普遍体验，特别是宗教经验。同时，他认为宗教性应被视为个体在其文化中投身于该宗教的结果，心理学研究者要将宗教作为一种文化现象，探究不同文化中的个体经验。笔者也认为，个体经验是心理学的本质和出发点，而在某种意义上，文化是个体经验或者无数个体共同经验的描述，宗教文化也应如此。在回归文化、强调历史维度的基础上，要探究不同宗教文化中的个体经验，因为个体宗教经验是某种文化处境的反映，带有集体文化的记忆和印迹，个体经验在这个意义上也有一定的普遍性。

4.重视质性研究的方法

在方法论部分，贝尔曾指出冯特的内省法，也即文化心理学，仍然是研究宗教的首要方法。他从宗教心理学与普通心理学的关系、哲学思辨假设的角色、心理学的主流方法、作为实证研究的阐释学方法以及质性研究的评估等角度探讨了宗教的文化心理学进路的方法论问题，探讨了心理学对精神性问题研究的禁忌、准备以及实证研究的建议等，指出在心理学研究中应该注意宗教问题的特殊性以及在宗教的文化心理学研究中的一些争论及研究经验。作为一门科学学科，宗教心理学要像所有学术性学科要求的那样，“以一种学术的、冷静的视角去开展研究，要尽可能超越人性”。[①]贝尔曾批判标准化的西方心理学，他选择了一种更具有诠释性或叙事性的方法。

2015年，吕坤维的《理解中国文化中的情绪》[②]一书是西方研究中国宗教文化心理学的最新成果，她聚

① Belzen, Jacob A., *Towards Cultural Psychology of Religion: Principles, Approaches, Application*, New York: Springer, 2010.

② Sundararajan, Louise, *Understanding Emotion in Chinese Culture: Thinking Through Psychology*, New York: Springer, 2015.

焦偏好特定认知风格（整体式思维）的文化生境，并分析了这种思维方式如何塑造了中国人的情感，如对和谐、幸福和亲密感的体验。该专著的创新之处在于:（1）从文化、跨文化差异的阐释模式，东西方的理性，生态区位，文化对称与不对称，文化意识，关系认知等角度分析了中国人情绪分析的概念基础;（2）从和谐的建构、对称的维护和改造的和谐、辩证思维、整体思维、低认知控制等角度分析了中国的“和（谐）”;（3）重视处在困境中的儒教以及中国本土的道教处境;（4）追溯了中国人的疼痛、亲密、自由等情感和情绪的文化处境以及心理机制;（5）从慎独、品格和空等概念出发论述了中国人的创造性;（6）针对情绪进行了总结，提出要在更加宽广的世界视野中进行跨文化研究。总之，该书从中西文化对比的角度深入探讨中国文化心理的特质，在西方学界产生了重要影响，对于中国宗教心理学来说也具有重要的参考价值。

由此看来，宗教文化心理学的兴起是宗教心理学发展到一定阶段的产物，它反映了西方宗教心理学学科百年发展的演进路径，包括它对宗教作为文化的复归和强调，对中国宗教心理学的未来发展也具有重要的参考价值。

第六节　跨学科、多层次的研究范式

正是多种方法的使用才使宗教心理学变得丰富，从而使该学科实现跨学科、多层次的研究范式，这包括实验室条件下的实验、准实验的方法，多层次跨学科范式也会使心理学的应用对于宗教等其他领域的研究者来说更加有吸引力。例如，通过与扩大心理历史方式的叙事、人格和社会心理学相结合，从心理分析角度出发，心理历史法已经在宗教人格和现象的研究中得到应用。

除了数据搜集策略的拓展，心理学家已经开始采用更加复杂的方法分析数据。例如，心理学家应用成长曲线分析来认知长期以来精神性过程的个体差异①，应用分层线性建模技术（允许试分析）来考察日常精神性经验和日常痛苦之间的关系。②迄今为止，这些捕捉和认知宗教信仰、感情和行为的多样化不同方法为不同的研究提供了意想不到的丰富性和机会。

---

① Brennan, M., D. K. Mroczek, "Examining Spirituality Over time: Latent Growth Curve and Individual Growth Curve Analyses", *Journal of Religious Gerontology*, 2002, Vol. 14, pp.11–29.

② Keefe, F. J., G. Affleck, J. Lefebvre, L. Underwood, D. S. Caldwell, *et al.*, "Living With Rheumatoid Arthritis: The Role of Daily Spirituality and Daily Religious and Spiritual Coping", *Journal of Pain*, 2001, Vol. 2, pp.101–110.

回到宗教心理学科学的目标，重要的是，注意到理论和方法论的发展，以及对中介变量概念的关注。也就是说，研究者不仅已经开始寻找关系，而且寻找对这些关系进行解释的关联或机制。换句话说，例如，仅仅知道宗教与身体健康或者死亡率之间相关是不够的。研究者不仅注意到这些关系、进行假设或者反思，而且正在努力认知宗教与哪些变量相关，这些关系是如何而来的。

西方的宗教心理学正处在一个转折点上，从狭隘的线性历史（大部分是英美新教、基督教的心理学）朝未来延伸到全球视野的宗教心理学拓展。这一拓展可以包括将研究拓展到多种宗教和精神性，跨文化和多元文化以及地理意义上的全球化。理论和研究方法将不得不随着这些拓展而发展。这一多层次、跨学科的范式和宗教作为意义系统将会作为好的概念指导，将不同层次、不同学科与各种宗教和文化的研究联系起来。

第五章
中国宗教心理学的发展

中国宗教心理学从民国初期在教会内传播到改革开放后的起步，历经开端、停滞、起步三大时期。随着西方宗教心理学著作翻译不断拓展，中国宗教心理学相关理论梳理、研究日渐深化，并逐渐与国际接轨。该学科发展需要建立健全系统的学科体系，梳理中国哲学各大流派的宗教心理思想，持续“去宗教化”与“研究方法”探讨，多维度开展宗教心理学的本土化研究，重视宗教心理测量研究，重视宗教在心理咨询中的作用，认清宗教心理学是宗教与科学对话的有效途径。

第一节　民国时期的探索

民国初期，宗教心理学在中国教会相关人士的推动下得到了一定的发展。这一时期的研究者注重对宗教经验和信仰的心理学研究，试图探索宗教信仰同人类心理与行为之间的关系。其中较有影响的学者包括梁启超、谢颂羔、夔德义等。他们通过对宗教信仰、神格崇拜、超自然现象等的心理学分析，为中国宗教心理学的研究提供了一定的基础，标志着中国宗教心理学研究的开端。

1922年，梁启超受中华心理学会邀请进行讲演，题为《佛教心理学浅测》[①]，他明确指出："我确信：研究佛学，应该从经典中所说心理学入手；我确信：研究心理学，应该以佛教心理为重要研究品。"

1929年，谢颂羔有所选择地将《宗教心理学》[②]引入到中国的教会，他深知宗教心理学引入国内的意义，并在序言中写道："宗教心理学是新的学问，它的前途正是大而有希望的，但是我们若不努力追求，进步是不会快的。"他还写道："宗教心理学能帮助我们对于宗教经验发生正确的观念，能解除迷信和自欺的罪。"全书共分九章，探讨宗教心理学的根据，儿童宗教心理，犯罪、祈祷、敬拜等宗教行为心理，心理学与宗教组织等。

1935年，齐鲁神学教授夔德义编写了面向基督信

---

① 1922年6月3日，梁启超为北京中华心理学会所做的讲演。

② 谢颂羔：《宗教心理学》，世界书局1928年版。

徒的《宗教心理学》[1]教材。该书主要探讨了宗教与心理学之间的关系。夔德义在书中从宗教心理学的基本概念、宗教神秘经验、信仰与价值观、祷告和冥想、宗教焦虑和抑郁等不同角度，深入探讨了宗教对人们心理状态的影响和作用。同时，该书还以基督教为例，分析了宗教信仰与人的自我意识、自我评价，以及归属感、安全感、存在意义等方面的内在联系。该书对中国宗教心理学的发展具有重要的指导意义，促进了中国宗教与心理学的理论研究和实践探索。

这期间，中国学术界对西方宗教学的研究以翻译、介绍为主，宗教心理学领域的译著除以上两书外，还有郭中一校订的《青春期之宗教心理学》（1933年），陈坚节所译《信仰心理》（1945年），刘美丽、叶柏华所译《精神病宗教治疗法》（1946年），唐钺所译《宗教经验之种种》（1947年），等等。

总之，宗教界学者的学术活动多多少少与维护自身的信仰有关，但不可否认的是，有不少诚实开明的宗教界学者，面对社会上对宗教的猛烈批判进行了严肃的反思，并通过内部革新对启蒙思潮做出积极回应。其中一些饱学深思之士本身就是西学东渐的积极参与者，

---

① 夔德义：《宗教心理学》，广学会1936年版。

他们通过自己的学术活动倡导和实践了现代学术方法。

第二节　新中国成立后的发展

1964年8月，遵照毛泽东主席的批示，世界宗教研究所正式成立。世界宗教研究所的成立是中国宗教学研究领域的重大事件，标志着以马克思主义为指导的宗教研究的开始，自此，宗教学的学科建设从无到有，不断完善。在学术研究方面，研究所有计划地组织学者集体编著了一批对各学科具有奠基意义的著作，夯实了世界宗教研究所作为国家级研究机构的扎实基础，也在国内外宗教学界确立了自己的学术地位。同时，这也为宗教心理学等宗教学分支学科的发展奠定了坚实的基础。

1977年，宗教学理论研究室成立，成为世界宗教研究所实力较强的研究室。该室在研究、译介近现代西方宗教学各分支学科的成果方面取得了显著成绩，在结合中国实际开创马克思主义宗教学方面做了不少基础工作，完成发表了大量专著、译著和论文。该研究室的成立，为后来的宗教心理学等分支学科的发展做了一定的准备工作，也为其日后的进一步发展创造了可能性。

第三节　改革开放后的发展

一、改革开放初期的译介

改革开放以来，宗教心理学的研究再度受到关注。中国的心理学界，尤其是宗教学界非常重视该专业的发展，国内其他领域也有一些学者对宗教心理学感兴趣。一些经典著作的中文译本出版，主要有《图腾与禁忌》《寻求灵魂的现代人》《摩西与一神教》《一个幻觉的未来》等。

1989年，沈翼鹏翻译出版了苏联心理学家乌格里诺维奇的《宗教心理学》[①]一书，使大陆学者对苏联宗教心理学的研究状况有了初步了解。同年，世瑾的《宗教心理学》[②]一书由知识出版社出版，该书全面而简要地介绍了国外宗教心理学的研究，并从人类宗教意识的起源、宗教禁忌和戒律的产生等方面入手，来介绍和探索宗教现象与心理学的关系。这两部著作的出版及其他相关文章的发表，标志着改革开放以后，中国宗教心理学研究的起步。

---

① 〔苏〕乌格里诺维奇（Д. М. Угринович）：《宗教心理学》，沈翼鹏译，社会科学文献出版社1989年版。

② 世瑾：《宗教心理学》，知识出版社1989年版。

1990年，陈麟书翻译了玛丽·乔·梅多的《宗教心理学：个人生活中的宗教》，全面介绍了西方宗教心理学研究领域各家各派的方法、观点和结论，能基本反映该学科的发展脉络和现状，堪称本领域的上乘之作，对中国宗教心理学研究的开展颇具启发意义。

二、中国宗教心理学研究的初步发展

翻译西方经典依然是学科发展的重点，针对学科建设的论著相继被译成中文。2002年，罗跃军翻译出版了英国学者洛文塔尔的专著《宗教心理学简论》[①]，该书首先考察了心理学与宗教之间的脆弱关系及其变化和发展，着重反映了欧洲近一二十年在宗教心理学领域取得的进展。宗教心理学作为一个研究领域正在逐渐成熟。我们对它的理解也在不断增强，超越了经常在宗教心理学名义下所进行的，反对宗教的论辩和支持宗教的辩护。接着，本书探讨了在主要局限于对西方基督教的研究的影响下，对于宗教行为、思想和情感所进行的科学心理学研究所产生的影响。阿盖尔的《宗教心理学导论》[②]一书对心理学领域就宗教所做的研

① 〔英〕凯特·洛文塔尔:《宗教心理学简论》，罗跃军译，北京大学出版社2002年版。

② 〔英〕麦克·阿盖尔:《宗教心理学导论》，陈彪译，中国人民大学出版社2005年版。

究及其成果进行了探究，阐述了作者对相关问题的独到见解，其中充满了对人及宗教世界的精彩而深刻的洞见。作者显然既相信心理学的实用价值，也相信宗教的精神价值。他在这部全面而易懂的作品中，向人们展示了心理学如何以不同的方式处理宗教这一特殊的人类行为领域中的问题。

除了继续关注学科发展之外，西方一些著名宗教心理学家的代表性论著被译介到中国，如冯特的《民族宗教心理学纲要：人类心理发展简史》，弗洛伊德的《图腾与禁忌》《一个幻觉的未来》和《摩西与一神教》，荣格的《东洋冥想的心理学——从易经到禅》[①]《寻找灵魂的现代人》[②]和《荣格文集：让我们重返精神家园》[③]等，弗洛姆的《精神分析与宗教》[④]等都陆续翻译出版，这些启蒙性的译介工作开阔了学者的眼界，为我国的宗教心理学研究奠定了基石。2011年4月，谢

① 可参考荣格：《东洋冥想的心理学——从易经到禅》，杨儒宾译，社会科学文献出版社2000年版。

② 可参考荣格：《寻找灵魂的现代人》，王义国译，光明日报出版社2007年版。

③ 可参考荣格：《荣格文集：让我们重返精神家园》，冯川、苏克译，改革出版社1997年版。

④ 可参考埃利希·弗洛姆：《精神分析与宗教》，贾辉军译，中国对外翻译出版公司1995年版；埃·弗洛姆：《精神分析与宗教》，孙向晨译，上海人民出版社2006年版。

晓健等人翻译的《荣格文集》九卷本，由国际文化出版公司出版发行，具体卷名分别为：第一卷，弗洛伊德与精神分析；第二卷，转化的象征；第三卷，心理类型；第四卷，心理结构与心理动力学；第五卷，原型与集体无意识；第六卷，文明的变迁；第七卷，人、艺术与文学中的精神；第八卷，人格的发展；第九卷，象征生活。这些宗教心理学领域的译著必将推动中国宗教心理学的发展。

中国学者的相关论著，主要有祥贵的《崇拜心理学》[①]，黄国胜的《佛教与心理治疗》[②]，陈昌文主编的《宗教与社会心理》[③]，梁丽萍的《中国人的宗教心理：宗教认同的理论分析与实证研究》[④]，卢德的《荣格宗教心理学与圣三灵修》[⑤]，徐光兴的《东方人的心理疗法——禅的智慧与启示》[⑥]，释淳法等的《佛教与心理健康》[⑦]，王惠君编著的《崇拜与精神控制》[⑧]，徐仪明的

---

① 祥贵：《崇拜心理学》，大众文艺出版社2001年版。

② 黄国胜：《佛教与心理治疗》，宗教文化出版社2002年版。

③ 陈昌文主编：《宗教与社会心理》，四川人民出版社2003年版。

④ 梁丽萍：《中国人的宗教心理：宗教认同的理论分析与实证研究》，社科文献出版社2004年版。

⑤ 卢德：《荣格宗教心理学与圣三灵修》，光启文化2004年版。

⑥ 徐光兴：《东方人的心理疗法——禅的智慧与启示》，上海科学技术出版社2004年版。

⑦ 释淳法、刘凤珍：《佛教与心理健康》，云南民族出版社2005年版。

⑧ 王惠君编著：《崇拜与精神控制》，西安交通大学出版社2005年版。

《易经心理学》[①]，徐光兴的《心理禅——东方人的心理疗法》[②]，曹剑波的《道教心理健康指要》[③]，陈兵的《佛教心理学》[④]，赵文的《宗教行为与心理治疗》[⑤]，诺布旺典的《图解西藏医心术》[⑥]，以及个别社科基金项目的设立，典型的是陈永胜的“西方宗教心理学的形成与发展”。

第四节　新时期的学科发展

在大约最近10年间，译著、专著的出版增多，学术论文发表增长迅速。浙江师范大学陈永胜出版了他的专著《现代西方宗教心理学理论流派》[⑦]，该成果是在国家社科基金项目（批准号：04BZJ003）支持下完成的。该专著是近年来少有的宗教心理学史研究的著作，带有作者鲜明的个人特色，是从心理学研究者的独特视角看西方宗教心理学发展的一部力作。

---

① 徐仪明：《易学心理学》，中国书店出版2007年版。

② 徐光兴：《心理禅——东方人的心理疗法》，文汇出版社2007年版。

③ 曹剑波：《道教心理健康指要》，宗教文化出版社2007年版。

④ 陈兵：《佛教心理学》，南方日报出版社2007年版。

⑤ 赵文：《宗教行为与心理治疗》，宗教文化出版社2008年版。

⑥ 诺布旺典：《图解西藏医心术》，紫禁城出版社2009年版。

⑦ 陈永胜：《现代西方宗教心理学理论流派》，人民出版社出版2010年版。

此外，陆丽青的《弗洛伊德的宗教思想》[①]一书在梳理弗洛伊德生平和著作的基础上，勾勒出弗洛伊德宗教思想形成和发展的过程，进而分别从“宗教的起源和发展”、“宗教的本质”（宗教观念、宗教体验、宗教行为和教会组织）、“宗教和文化的关系”三个方面对弗洛伊德的宗教思想进行全面、系统和深入的阐述，并力图结合宗教心理学领域的最新研究对其做出客观中立的评价。鸿逸的《佛说心理学》[②]，朱瑞玲、瞿海源、张苙云主编的《台湾的社会变迁1985 ～ 2005：心理、价值与宗教》[③]，张雅惠、陈莉榛的《宗教心理学概论》[④]等著作都是此时期的典型之作。其中，梁恒豪的《信仰的精神性进路：荣格的宗教心理观》[⑤]一书，介绍了荣格的生平和著作，总结了他的分析心理学体系和宗教观，并在此基础上，从上帝的形象和对三位一体教义的心理分析两个方面，集中探讨了荣格的基督教心理观，他对精神性概念的阐释，以及他对精神性与

---

① 陆丽青：《弗洛伊德的宗教思想》，中国社会科学出版社2011年版。

② 鸿逸：《佛说心理学》，新世界出版社2011年版。

③ 朱瑞玲、瞿海源、张苙云主编：《台湾的社会变迁1985 ～ 2005：心理、价值与宗教》，“中央研究院”社会学研究所2012年版。

④ 张雅惠、陈莉榛：《宗教心理学概论》，洪叶文化事业有限公司2013年版。

⑤ 梁恒豪：《信仰的精神性进路：荣格的宗教心理观》，社科文献出版社2014年版。

心理治疗的关系的阐释，总结了荣格对宗教心理学的贡献，最后对传统心理学未来的发展趋向，以及超越东西方文化差异进行了反思。余德慧《宗教疗愈与生命超越经验》[1]，刘佳佑《荣格心理类型理论在宗教心理学中的应用研究》[2]，葛鲁嘉《宗教形态的心理学——宗教传统和研究的心理学智慧》[3]，陈青萍、周济全《膜拜危害的心理学预警思考》[4]，刘欢《道教仪式音乐及其心理影响机制探析》[5]等著作的出版充分说明这一学科目前已经出现了一批相当有实力和潜力的学者，研究成果也在逐年增多，在中国知网搜“宗教”“心理学”关键词，显示相关论文已近5000篇。

《宗教心理学》辑刊的创立和学术论坛的举办，是宗教心理学学科建设的重要进展。中国社会科学院世界宗教研究所持续推进中国宗教心理学的学科建设，为此，宗教学理论研究室克服种种困难，做出了持续

---

① 余德慧：《宗教疗愈与生命超越经验》，心灵工坊2014年版。

② 刘佳佑：《荣格心理类型理论在宗教心理学中的应用研究》，四川大学出版社2015年版。

③ 葛鲁嘉：《宗教形态的心理学——宗教传统和研究的心理学智慧》，上海教育出版社2016年版。

④ 陈青萍、周济全：《膜拜危害的心理学预警思考》，中国社会科学出版社2017年版。

⑤ 刘欢：《道教仪式音乐及其心理影响机制探析》，宗教文化出版社2017年版。

不懈的努力，致力于每年举办一次宗教心理学论坛和出版《宗教心理学》辑刊，为中国宗教心理学研究的学者提供学术交流平台，并为其研究成果的出版提供一定的支持。2014年至今，由中国社会科学院世界宗教研究所主办的宗教心理学论坛已经举办五届，讨论的主题包括宗教心理学发展史和思想史、核心概念和理论、研究方法探新、实践应用，以及学科中国化等相关问题。2013年6月，金泽、梁恒豪主编的《宗教心理学（第一辑）》由社科文献出版社出版，目前已经出版六辑。该辑刊是国内唯一的宗教心理学辑刊，其内容结构大致分为以下几个部分：历史展望、域外视野、理论前沿、思想交谈、学术述评和实证研究，旨在整合学科力量，搭建学术交流平台，为学科发展助力，它的出版发行具有重要的学科建设意义。

第五节　建构以马克思主义为指导的中国宗教心理学

一、坚持马克思主义宗教心理观[①]

目前，一些国内宗教心理学研究基本上还是沿袭

① 本部分内容请参见梁恒豪：《坚持马克思主义宗教心理观》，《中国社会科学报》2018年7月31日。

西方19世纪下半叶逐步建立起的学科体系，译介并借鉴西方已有的理论和方法。这导致国内一些研究缺乏主体性和原创性，远离中国的宗教实际。因此，立足我国宗教具体实际，提出具有主体性、原创性的理论观点，构建具有中国特色的学科体系、学术体系、话语体系，乃是这一学科未来发展的必由之路。要做好上述工作，需要坚持以马克思主义为指导，认真研究马克思主义宗教心理观，努力探索出适合中国国情的宗教心理学学科发展进路。

（一）宗教是一种心理现象

马克思在《〈黑格尔法哲学批判〉导言》中指出："一个人，如果想在天国这一幻想的现实性中寻找超人，而找到的只是他自身的反映，他就再也不想在他正在寻找和应当寻找自己的真正现实性的地方，只去寻找他自身的映象，只去寻找非人了。"[①]从马克思的论述中可知，"幻想的现实性"强调宗教是个体自身及其现实处境在大脑中的反映，是一种幻想，而这一幻想作为心理事实，具有"现实性"。马克思进一步指出："人创造了宗教，而不是宗教创造人。就是说，宗教是还没有获得自身或已经再度丧失自身的人的自我意识

① 《马克思恩格斯选集》第1卷，人民出版社1995年版，第1页。

和自我感觉。”[①]这里，马克思更清楚地表明，宗教是“自我意识”“自我感觉”，包含认知观念和情感体验两个维度。因此，作为一种对客观现实的主观反映，宗教的心理属性显露无遗。

恩格斯在《反杜林论》中指出：“一切宗教都不过是支配着人们日常生活的外部力量在人们头脑中的幻想的反映，在这种反映中，人间的力量采取了超人间的力量的形式。”[②]恩格斯这一经典论述更清晰地指出，宗教是社会现实的虚幻的、歪曲的、幻想的反映，是心理现象，而这种心理是人脑的机能。此外，所谓“超人间的力量的形式”表明，宗教意识与其他意识不同，它作为一种相对独立的社会意识形态，是与对超人间、超自然力量（神）的敬畏和崇拜相联系的。

（二）宗教心理具有个体内在属性

恩格斯指出：“宗教是心灵的事情，谁有心灵，谁就会虔诚；但是谁以知性或甚至以理性作为自己虔诚的基础，谁就根本不会是虔诚的。宗教之树生长于心灵，它荫蔽着整个人，并从理性的空气中吸取养料。而它的果实，包含着最珍贵的心血的果实，是教义。

---

① 《马克思恩格斯选集》第1卷，第1页。

② 《马克思恩格斯文集》第9卷，人民出版社2009年版，第333页。

除此以外的东西都是有害的。”[①]众所周知，恩格斯的宗教立场经历了从宗教虔诚者到宗教怀疑者，再到历史唯物主义者的转变。上述恩格斯的思想显然是其个人早期的思想，强调宗教的个体内在属性，肯定教义在吸收理性养分基础上具有提升个人宗教经验的价值。正如马克思所指出的，“宗教是还没有获得自身或已经再度丧失自身的人的自我意识和自我感觉”。在当时的社会处境下，多数人的认识水平还没有达到“获得自身”的程度，宗教信仰只能是个体内在的选择。基于对宗教个体内在属性的认知，列宁也曾指出：“应当宣布宗教是私人的事情。这句话通常是用来表示社会主义者对待宗教的态度的。……任何人都有充分自由信仰任何宗教，或者不承认任何宗教，就是说，象通常任何一个社会主义者那样做一个无神论者。在公民中间，完全不允许因为宗教信仰而产生权利不一样的现象。”[②]

（三）宗教心理源于社会存在

辩证唯物主义和历史唯物主义认为，社会存在决定社会意识。宗教作为一种社会意识，是由社会存在决定的。对此，马克思曾有过这样的论述：“宗教里的

---

① 《马克思恩格斯全集》第47卷，人民出版社2004年版，第194页。

② 《列宁专题文集：论辩证唯物主义和历史唯物主义》，人民出版社2009年版，第220页。

苦难既是现实的苦难的表现，又是对这种现实的苦难的抗议。宗教是被压迫生灵的叹息，是无情世界的心境，正像它是无精神活力的制度的精神一样。宗教是人民的鸦片。”[①]马克思的“鸦片论”从社会层面出发，基于阶级压迫产生苦难的社会现实，指出宗教是对自然的认知局限和社会压迫的产物。宗教反映了被压迫人民的心理事实和诉求，是对社会压迫的抗议；同时，鉴于鸦片本身具有缓解痛苦的功能，宗教“幻觉”“幻想”也能够起到暂时抚慰人心、减轻心理伤痛的作用。然而，宗教心理慰藉的特殊性在于，它把人们现实生活的矛盾、冲突转移到现实生活之外，期望得到神灵的救助，从而摆脱困扰。因此，从长远来看，宗教的心理慰藉不是解决人们心理问题的应由之路。

马克思指出：“废除作为人民的虚幻幸福的宗教，就是要求人民的现实幸福。要求抛弃关于人民处境的幻觉，就是要求抛弃那需要幻觉的处境。”[②]马克思分析了宗教产生和发展的根源，指出宗教的根源“不是在天上，而是在人间”[③]，只有到现实社会中的阶级矛盾、

① 《马克思恩格斯选集》第1卷，第2页。

② 《马克思恩格斯选集》第1卷，第2页。

③ 《马克思恩格斯文集》第10卷，人民出版社2009年版，第4页。

阶级压迫、阶级斗争中才能找到宗教最深刻的社会根源。马克思、恩格斯还指出:“意识的一切形式和产物不是可以通过精神的批判来消灭的，也不是可以通过把它们消融在‘自我意识’中或化为‘幽灵’、‘怪影’、‘怪想’等等来消灭的，而只有实际地推翻这一切唯心主义谬论所由产生的现实的社会关系，才能把它们消灭。”[①]因此，“人民的现实幸福”是物质的富足和精神的丰富，为人民谋幸福是消除宗教心理产生的社会基础之根本途径。

关于宗教心理的社会存在根源，列宁明确地指出:“被剥削阶级由于没有力量同剥削者进行斗争，必然会产生对死后的幸福生活的憧憬，正如野蛮人由于没有力量同大自然搏斗而产生对上帝、魔鬼、奇迹等的信仰一样。对于辛劳一生贫困一生的人，宗教教导他们在人间要顺从和忍耐，劝他们把希望寄托在天国的恩赐上。对于依靠他人劳动而过活的人，宗教教导他们要在人间行善，廉价地为他们的整个剥削生活辩护，向他们廉价地出售进入天国享福的门票。宗教是人民的鸦片。宗教是一种精神上的劣质酒，资本的奴隶饮了这种酒就毁坏了自己做人的形象，不再要求多少过

① 《马克思恩格斯选集》第1卷，人民出版社1995年版，第92页。

一点人样的生活。”[1]可见，人民对于宗教的信仰具有一定的社会心理基础。由于社会现实不能满足其物质和精神需要，人民不得不借着“精神上的劣质酒”而“饮鸩止渴”，而一旦这一基础发生变化，人民的宗教信仰也会随之改变。

列宁还进一步指出：“现代的觉悟工人，受到了大工厂工业的教育和城市生活的启发，轻蔑地抛弃了宗教偏见，把天堂生活让给僧侣和资产阶级伪善者去享受，为自己去争取人间的美好生活。现代无产阶级正在站到社会主义方面来。社会主义吸引科学来驱散宗教的迷雾，把工人团结起来为美好的人间生活作真正的斗争，从而使他们摆脱对死后生活的迷信。”[2]列宁的论述表明，一旦宗教信徒重新认识到人的主体性，这种认知的转变就会促使他们充分发挥主观能动性，抛弃对天堂的幻想，开始改造社会现实。

总之，马克思主义经典作家从辩证唯物主义和历史唯物主义立场出发，基于物质决定意识、经济基础决定上层建筑的理论，从个体心理和社会层面科学地

① 《列宁专题文集：论辩证唯物主义和历史唯物主义》，人民出版社2009年版，第219—220页。

② 《列宁专题文集：论辩证唯物主义和历史唯物主义》，人民出版社2009年版，第220页。

揭示了宗教作为意识形态的内在规定性，确立了科学认识宗教的理论基点。这是我们认识和理解马克思主义宗教心理观的基础。

二、建构中国宗教心理学的学科体系、学术体系和话语体系

（一）研究中国文化对宗教心理学学科建设的价值

有学者认为，“文化”这一概念本身即可能带有西方化的偏倚。宗教文化心理学需要考察人们对宗教的理解是如何在世俗化的推定、宗教的意义、基督教对宗教定义的影响、西方殖民过程中宗教的运用以及抽象化定义宗教的程度等方面反映出西方文化的偏倚。[①]杨国枢、黄光国等人倡导中国本土心理学，以心理学普世化为目标，强调心理学本土化，重视本土文化对心理学研究的影响。本土心理学者应当了解，当科学哲学的主流思想由强调归纳法的实证主义转向后实证主义之后，本土心理学一方面要建构出既可以适用于不同文化的形式性理论，另一方面要用它来说明本土文化的特色，再用这样的实质性模型作为参考架构，

① 〔美〕杜艾文、〔加〕杰弗里·安斯卢斯等：《西方宗教文化心理学：意识形态之一种，及其以外的其他选择》，王碧燕等译，《宗教心理学（第4辑）》，社会科学文献出版社2018年版，第171—215页。

在本土社会中从事实证研究。本土心理学者想要达成普世心理学或全球心理学的目标，他们所建构出来的理论就要力图既能说明文化之间的变异性，又能说明跨文化间的不变性。[①]由此可见，正确处理“民族的”和“世界的”的关系是中国宗教文化心理学研究的重要课题。

中国的宗教文化是“和谐”“中庸”“超越”“合一”的多元整合（多元共构、开放统一、传承创新）的一种宗教文化形态，比较突出的特征是多样性、包容性、多元通和。不同宗教对于宗教文化和心理关系的认知也有所不同，漫长的历史铸就了中国人“体用合一”的文化心理特性，而中国化则是中国人处理文化多元性的文化心理基础。在此基础上，建构宗教文化心理学相关理论、方法，既能体现中国文化对于宗教心理学的世界性贡献，也展示了心理学普遍规律在中国文化处境中的精彩面向，才能体现其重要的学科意义和实践价值。

（二）从理论和方法上探索中国宗教文化心理学对于“三大体系”建设具有十分重要的意义

要构建中国特色的学科体系、学术体系和话语体

① 黄光国：《儒家关系主义：哲学反思、理论建构与实证研究》，心理出版社2009年版。

系，宗教心理学要从学术思想史角度入手，立足于中国传统文化典籍，在广泛吸收中国哲学思想史、宗教思想史以及中国心理学史等资料的基础上，诠释中国历史上相关思想家的宗教心理学思想，概括和总结中国宗教心理学的基本范畴和基本理论，勾勒中国宗教心理学学术思想的发展脉络，深入挖掘中国宗教文化中丰富的心理学资源，为中国特色的宗教心理学学科体系的构建提供理论基础。

在反思现有心理学重实证、轻处境的现象方面，宗教文化心理学具有一定的优势和价值，提醒着宗教和心理学界关注文化处境。同时，我们要正确认识宗教心理学研究的“文化”维度，不能停留在一味批判实证主义的立场[①]，中国的宗教文化心理学应在立足实证研究的前提下反思其存在的问题，坚持量化研究和质性研究整合的方向，重视行动研究，充分考察中国的宗教文化处境，关照本土化（中国化）需求，融合多种方法为其所用。

中国的宗教现象更加复杂，具有很多不同于西方和其他国家的特点，中国的宗教文化心理学的研究也

① 高觉敷曾指出，“心理学目前纵有许多现象尚难以量记载，但是心理学者仍应在化质为量的大道上进行其研究的工作”。见高觉敷：《心理学史论丛》，商务印书馆2019年版，第470页。

刚刚起步，尚处于探索阶段。但是学术界有个共识，即宗教是文化，宗教文化的心理维度非常值得重视和研究。基于宗教问题的群众性、长期性、国际性、复杂性、民族性定位，从学科发展的角度，研究者需要具有国际比较视野，关注最新的进展，关照民众精神需求，充分运用最新的理论、方法研究中国的宗教问题，从而为社会主义发展和民族复兴助力。中国宗教文化心理学需要在这样的背景下进一步发展，从文化心理学角度切入研究宗教问题，推动宗教教育，关照和满足民众心理卫生和精神健康福祉，这些研究具有非常重要的理论和现实意义，需要从理论和实践层面深入探索。

中国宗教心理学的学科体系可以包括以下主要领域:（1）宗教信仰与心理健康：研究宗教信仰对个体心理健康的影响，包括宗教安慰、宗教寻求意义和目标的心理效应等。（2）宗教经验与心理特征：研究不同宗教经验对个体心理特征的塑造，如宗教体验的幸福感、宗教体验的社交影响等。（3）宗教心理发展：研究宗教信仰在个体心理发展中扮演的角色，包括宗教认同的形成、宗教社会化的影响等。（4）宗教心理治疗：探索宗教和心理治疗的结合，包括宗教价值观在心理治疗中的应用、宗教资源对心理康复的促进等。

在学术体系方面，中国宗教心理学可以建立具有独立学术机构的研究团队、教育机构和专业期刊。这些机构和期刊将促进学术交流与研究成果的推广。重视培养宗教心理学领域的专业人才，提供相关学科的教育和研究机会。

建构中国宗教心理学的话语体系需要积极开展学术研究、学术交流和学术论辩。通过学术会议、学术论坛等形式，促进学者之间对于宗教心理学核心概念、理论框架、研究方法的探讨和对话。此外，翻译、编撰和出版国内外重要的宗教心理学著作也能够丰富和拓展宗教心理学的话语体系。

在中国宗教心理学“三大体系”的建构中，要关照中国本土的宗教文化处境，坚持“中国化”方向，辩证看待宗教的社会作用，重视关键概念和话语体系的本土表征，逐渐建构具有中国特色的宗教心理学的学术体系、学科体系和话语体系。通过建构中国特色宗教心理学的“三大体系”，促进中国宗教心理学的学科发展和学术繁荣，为更深入地理解宗教心理现象和推动宗教与心理学的融合提供坚实基础。

参考文献

中文文献

曹剑波:《道教心理健康指要》，宗教文化出版社2007年版。

陈兵:《佛教心理学》，南方日报出版社2007年版。

陈昌文:《宗教与社会心理》，四川人民出版社2003年版。

陈杰:《西方思想史上关于宗教本质论述的几个阶段》,《宗教学研究》2003年第3期。

陈青萍、周济全:《膜拜危害的心理学预警思考》，中国社会科学出版社2017年版。

陈向明:《社会科学中的定性研究方法》,《中国社会科学》1996年第6期。

陈向明:《质的研究方法与社会科学研究》，教育科学出版社2003年版。

陈永胜:《现代西方宗教心理学理论流派》，人民出版社2010年版。

高觉敷:《心理学史论丛》，商务印书馆2019年版。

葛鲁嘉:《宗教形态的心理学——宗教传统和研究的心理学智慧》，上海教育出版社2016年版。

鸿逸:《佛说心理学》，新世界出版社2011年版。

黄光国:《儒家关系主义：哲学反思、理论建构与实证研究》，心理出版社2009年版。
黄国胜:《佛教与心理治疗》，宗教文化出版社2002年版。
夔德义:《宗教心理学》，广学会1936年版。
梁恒豪:《西方精神性概念的发展、应用及与中国处境的关联》，《世界宗教研究》2015年第6期。
梁恒豪:《信仰的精神性进路：荣格的宗教心理观》，社会科学文献出版社2014年版。
梁恒豪:《坚持马克思主义宗教心理观》，《中国社会科学报》2018年7月31日。
梁恒豪:《正视宗教心理学研究的“文化”维度》，《世界宗教文化》2021年第5期。
梁丽萍:《中国人的宗教心理：宗教认同的理论分析与实证研究》，社会科学文献出版社2004年版。
刘欢:《道教仪式音乐及其心理影响机制探析》，宗教文化出版社2017年版。
刘佳佑:《荣格心理类型理论在宗教心理学中的应用研究》，四川大学出版社2015年版。
陆丽青:《冯特的宗教心理学思想研究》，《世界宗教研究》2008年第3期。
陆丽青:《弗洛伊德的宗教思想》，中国社会科学出版社2011年版。
吕大吉:《宗教学通论新编》，中国社会科学出版社2010年版。
世瑾:《宗教心理学》，知识出版社1989年版。
释淳法、刘凤珍:《佛教与心理健康》，云南民族出版社2005年版。
王宏印:《跨文化心理学的文化概念与文化观点》，《陕西师大学报（哲学社会科学版）》1994年第3期。
王惠君编著:《崇拜与精神控制》，西安交通大学出版社2005年版。

祥贵:《崇拜心理学》，大众文艺出版社2001年版。

谢颂羔:《宗教心理学》，世界书局1928年版。

徐仪明:《易学心理学》，中国书店出版社2007年版。

余德慧:《宗教疗愈与生命超越经验》，心灵工坊2014年版。

张雅惠、陈莉榛:《宗教心理学概论》，洪叶文化事业有限公司2013年版。

赵文:《宗教行为与心理治疗》，宗教文化出版社2008年版。

朱瑞玲、瞿海源、张苙云主编:《台湾的社会变迁1985～2005:心理、价值与宗教》，“中央研究院”社会学研究所2012年版。

卓新平:《宗教理解》，社会科学文献出版社1999年版。

〔奥〕阿德勒，A.:《自卑与超越》，黄光国译，作家出版社1986年版。

〔英〕阿盖尔，麦克:《宗教心理学导论》，陈彪译，中国人民大学出版社2005年版。

〔美〕阿曼，道格:《定义宗教和精神性》，《宗教心理学（第三辑）》，社会科学文献出版社2017年版。

〔古希腊〕柏拉图:《理想国》，顾寿观译，岳麓书社2010年版。

〔苏〕波波娃，马·阿:《精神分析学派的宗教观》，张雅平译，上海人民出版社1992年版。

〔澳〕布朗，L. B. :《宗教心理学》，金定元、王锡嘏译，今日中国出版社1992年版。

〔美〕杜艾文等:《西方宗教文化心理学：意识形态之一种，及其以外的其他选择》，《宗教心理学（第四辑）》，社会科学文献出版社2018年版。

〔德〕冯特，威廉:《民族宗教心理学纲要：人类心理发展简史》，陆丽青、刘瑶译，宗教文化出版社2008年版。

〔瑞〕弗尔达姆，F.:《荣格心理学导论》，刘韵涵译，辽宁人民出版社1988年版。

〔美〕弗洛姆，埃:《精神分析与宗教》，孙向晨译，上海人民出版社2006年版。

〔奥〕弗洛伊德:《摩西与一神教》，李展开译，生活·读书·新知三联书店1989年版。

〔奥〕弗洛伊德:《图腾与禁忌》，赵立玮译，上海人民出版社2005年版。

〔奥〕弗洛伊德:《文明及其缺憾》，傅雅芳、郝冬瑾译，安徽文艺出版社1987年版。

〔奥〕弗洛伊德:《一个幻觉的未来》，杨韶刚译，华夏出版社1989年版。

〔美〕格罗夫:《非常态心理学：现代意识研究的启迪》，刘毅等译，云南人民出版社2003年版。

〔美〕霍夫曼，爱德华编:《洞察未来——马斯洛未发表过的文章》，许金声译，华夏出版社2004年版。

〔美〕寇特莱特，布兰特:《超个人心理学》，易之新译，上海社会科学院出版社2014年版。

〔美〕兰博，刘易斯:《皈依心理学与信仰转换》，《宗教心理学（第一辑）》，社会科学文献出版社2013年版。

〔英〕洛文塔尔，凯特:《宗教心理学简论》，罗跃军译，北京大学出版社2002年版。

〔美〕梅多，玛丽·乔、〔美〕理查德·德·卡霍:《宗教心理学——个人生活中的宗教》，陈耀庭等译，四川人民出版社1990年版。

〔英〕缪勒，麦克斯:《宗教的起源与发展》，金泽译，上海人民出版社1989年版。

〔美〕尼尔森，吉姆:《西方宗教心理学的历史：理论和方法》，《世界宗教文化》2011年第1期。

〔瑞〕荣格:《东洋冥想的心理学：从易经到禅》，杨儒宾译，社会科学文献出版社2000年版。

〔瑞〕荣格:《荣格文集：让我们重返精神家园》，冯川、苏克译，改革出版社1997年版。

〔瑞〕荣格:《心理学与炼金术》，杨韶刚译，译林出版社2020年版。

〔瑞〕荣格:《寻找灵魂的现代人》，王义国译，光明日报出版社2007年版。

〔加〕史密斯:《宗教的意义与终结》，董江阳译，中国人民大学出版社2005年版。

〔德〕托尔，艾克哈特:《新世界：灵性的觉醒》，张德芬译，南方出版社2008年版。

〔美〕威尔伯，肯:《整合心理学：人类意识进化全景图》，聂传炎译，安徽文艺出版社2015年版。

〔苏〕乌格里诺维奇:《宗教心理学》，沈翼鹏译，社会科学文献出版社1989年版。

〔美〕詹姆士，威廉:《多元的宇宙》，吴棠译，商务印书馆1999年版。

〔美〕詹姆士，威廉:《宗教经验之种种：人性之研究》，唐钺译，商务印书馆2002年版。

〔美〕詹姆斯，威廉:《宗教经验之种种：对人性的研究》，蔡怡佳、刘宏信译，广西师范大学出版社2008年版。

外文文献

Allport, G. W.. "The Religious Context of Prejudice", *Journal for the Scientific Study of Religion*, 1966, 5: 447–457.

Batson, C. D.. "Religion as Prosocial: Agent or Double Agent?", *Journal for the Scientific Study of Religion*, 1976, 15: 29–45.

Beck, Richard and Ryan K. Jessup. "The Multidimensional Nature of Quest Motivation", *Journal of Psychology and Theology*, 2004, 32: 283–294.

Beit-Hallahmi, B.. *Psychoanalytic Studies of Religion: A Critical Assessment and Annotated Bibliography*. Westport: Greenwood Press, 1996.

Belzen, Jacob A.. *Towards Cultural Psychology of Religion: Principles, Approaches, Application*. New York: Springer, 2010.

Brennan, M. and D. K. Mroczek. "Examining Spirituality Over Time: Latent Growth Curve and individual Growth Curve Analyses", *Journal of Religious Gerontology*, 2002, 14: 11–29.

Donahue, M. J.. "Intrinsic and Extrinsic Religiousness Review and Meta-Analysis?", *Journal of Personality and Social Psychology*, 1985, 48: 400–419.

Emmons, R. A. and R. F. Paloutzian. "The Psychology of Religion", *Annual Review of Psychology*, 2003, 54: 377–402.

Erikson, Erik H.. *Childhood and Society*, 2 edition. New York: W. W. Norton, 1963.

Erikson, Erik H.. *Insight and Responsibility: Lectures on the Ethical Implications of Psychoanalytic Insight*. New York: W. W. Norton,

1964.

Erikson, Erik H.. *Life History and the Historical Moment*. New York: W. W. Norton, 1975.

Fetzer Institute / National Institute of Aging Working Group. *Multidimensional Measurement of Religiousness/Spirituality for Use in Health Research: A Report of the Fetzer Institute/ National Institute on Aging Working Group*. Kalamazoo: John E. Fetzer institute, 1999.

Frankl, V. E.. *Psychotherapy and Existentialism: Selected Papers on Logotherapy*. New York：Simon and Schuster, 1967.

Frankl, V. E.. *The Unconscious God: Psychotherapy and Theology*. New York: Simon and Schuster, 1975.

Frankl, V. E.. *The Will to Meaning: Foundation and Applications of Logotherapy*. New York: World, 1969.

Freud, S.. "Obsessive Actions and Religious Practices." In *The Standard Edition of the Complete Psychological Works of Sigmund Freud*, Vol. 9, London: Hogarth Press, 1959.

Fromm, E.. *Psychoanalysis and Religion*. New Haven: Yale University Press, 1950.

Geertz, C.. *Local Knowledge: Further Essays in Interpretive Anthropology*. New York: Basic Books, 1983.

Glaser, B. and A. Strauss. *The Discovery of Grounded Theory: Strategies for Qualitative Research*. Chicago: Aldine, 1967.

Gorsuch, R. L.. "Measurement: The Boon and Bane of Investigating Religion", *American Psychologist*, 1984, 39: 228–236.

Hall, G.S.. *Life and Confessions of a Psychology*. New York:

Appleton,1923.

Heelas, P. and A. Lock (eds.). *Indigenous Psychologies : The Anthropology of the Self.* San Diego: Academic Press, 1981.

Heelas, P.. "Social Anthropology and the Psychology of Religion." In *Advances in the Psychology of Religion*, ed. L. B. Brown. Oxford: Pergamon Press, 1985.

Hill, P. C. and R. W. Hood, Jr.. *Measures of Religiosity*. Birmingham: Religious education Press, 1999a.

Hill, P. C., and K. I. Pargament. "Advances in the Conceptualization and Measurement of Religion and Spirituality", *American Psychologist*, 2003, 58: 64–74.

Hood, R.W., Jr., P. Hill and B. Spilka. *The Psychology of Religion: An Empirical Approach*, 4 edition, New York: Guilford, 2009.

Keefe, F. J., *et al*.. "Living with Rheumatoid Arthritis: The Role of Daily Spirituality and Daily Religious and Spiritual Coping", *Journal of Pain*, 2001, 2: 101–110.

Kirkpatrick, L.. *Attachment, Evolution, and the Psychology of Religion*. New York: Guilford, 2005.

Maslow, A. H.. *Religions, Values, and Peak-experiences*. Columbus: Ohio State University Press, 1964.

Muthukrishna, M., *et al*.. "Beyond WEIRD Psychology: Measuring and Mapping Scales of Cultural and Psychological Distance", *Psychology Science*, 2020, 30: 678–701.

Nelson, J.. *Psychology, Religion, and Spirituality*. New York: Springer, 2009.

O'Connor, K.. "Reconsidering the Psychology of Religion:

Hermeneutical Approaches in the Contexts of Research and Debate." In *Hermeneutical Approaches in Psychology of Religion*, ed. J. Belzen, Amsterdam: Rodopi, 1997.

Strauss, A. L. and J. M. Corbin. *Basics of Qualitative Research: Techniques and Procedures for Developing Grounded Theory*, 2 edition, Thousand Oaks: Sage, 1998.

Sundararajan, Louise. *Understanding Emotion in Chinese Culture: Thinking Through Psychology*. New York: Springer, 2015.

Tarakeshwar, N., J. Stanton and K. I. Pargament. "Religion: An Overlooked Dimension in Cross-Cultural Psychology", *Journal of Cross-Cultural Psychology*, 2003, 34(4): 377−394.

Theodorson, G.A.. *A Modern Dictionary of Sociology*. New York: Barnes and Voble Books, 1969.

Tsang, J. and M. E. Mccullough. "Measuring Religious Constructs: A Hierarchical Approach to Construct Organization and Scale Selection." In *Positive Psychological Assessment: A Handbook of Models and Measures*, eds. S. J. Lopez and C. R. Snyder. Washington: American Psychological Association, 2003.

Wulff, D. M.. *Psychology of Religion: Classic and Contemporary*, 2 edition, New York: Wiley, 1997.

期刊目录

Research in the Social Scientific Study of Religion

Pastoral Psychology

Journal of Muslim Mental Health

Psicologia della Religione-News

Journal of Psychology and Theology

Journal of Psychology and Judaism

Contemporary Jewry

Religion, Brain & Behavior

Journal of Religion, Spirituality & Aging (Journal of Religious Gerontology)

Journal of Religion & Abuse

Journal of Consciousness Studies

Religion and American Culture

Nova Religio: The Journal of Alternative and Emergent Religions

Zygon: Journal of Religion and Science

Journal of Psychology and Christianity

American Journal of Pastoral Counseling

Social Thought: Journal of Religion in the Social Services

Journal of Ministry in Addiction and Recovery

Marriage & Family: A Christian Journal

Journal of Management, Spirituality & Religion

Ecopsychology

The Quarterly Journal of Fundamentals of Mental Health

Journal of Religion, Disability & Health

图书在版编目（CIP）数据

宗教心理学 / 梁恒豪著. — 北京：商务印书馆，2024. —（宗教学关键词 / 金泽主编）. — ISBN 978 - 7 - 100 - 24190 - 8

Ⅰ. B920

中国国家版本馆 CIP 数据核字第2024S399J0号

宗教学关键词（第一辑）

宗 教 心 理 学

梁恒豪　著

商　务　印　书　馆　出　版

（北京王府井大街36号　邮政编码 100710）

商　务　印　书　馆　发　行

山东临沂新华印刷物流集团有限责任公司印刷

ISBN　978 - 7 - 100 - 24190 - 8

2024年8月第1版　　开本　889×1194　1/32

2024年8月第1次印刷　　印张　4⅝

定价：158.00元（全七册）